〈최신 컬러 화보〉

꽃꽂이

생활속에 시를 담는 새로운 꽃꽂이 레슨

편집부편

화려한 향연

화재 아카시아, 스위트피
화기 화병
양식 투입화

　양화의 아름다움은 그 특이한 모양과 신선한 색조에 있다고 할 수 있다. 이 개성을 살리기 위해서는 그 꽃의 수는 적은 편이 좋은데, 반대로 수를 많이 사용하는 경우에는 개개의 아름다움이 총합되어 다른 아름다움을 만들어내는 경우가 있다. 여기에서는 스위트피와 아카시아를 좌우의 그룹으로 나누어 색과 모양에 의한 신메트리의 효과를 모던하게 나타내어 보았다.
　이와 같이 색별 그룹으로 나누어 다루는 것은 모양이나 색을 번잡하게 보이지 않는 한가지의 방법일 것이다.

정열의 자태

화재 안스륨, 몬스테라, 데이지
화기 타원형 평단지
양식 투입화

　빨간 에나멜을 칠한 듯한 안스륨은 조형적으로 보인 꽃은 면, 줄기는 선으로써 다루는 유니크한 화재이다. 그 색과 모양의 재미에 몬스테라의

 녹색면, 데이지의 흰 꽃을 프라스하여 경쾌하고 모던한 현대꽃을 구성했다.
 중량감이 있는 타원형의 화기에 몬스테라는 비스듬히 움직임이 있는 면을 보이고 안스륨은 꽃의 면이 같아지지 않도록 방향에 변화를 주어 배치한다.
 다면적인 효과를 보이는 것인데, 그중 한개를 비스듬히 흘려 꽃에 가벼운 유동성을 주었다.

늠름하게 핀다

화재 매화, 백합
화기 꽃병
양식 투입화

매화는 '매화 오복을 펼친다'라고도 말하며 옛날부터 운이 좋은 것이라고 여겨졌다. 청초한 꽃의 아름다움이 연상될 뿐만 아니라 이끼 낀 노목과 싱싱한 가지(약지), 고금의 대조가 하나의 화재에 조화하여 서로 어울리는 자태를 보여준다.

핀 꽃을 가진 끝에 안는다

화재   동백꽃, 수선
화기   화병
양식   투입화

산동백, 백옥동백, 을녀동백, 신악동백. 동백에는 많은 종류가 있고 옛날부터 친숙한 식물이다.

변화가 풍부한 가지, 사계에 걸쳐 윤이 나는 조엽, 점점이 얼굴을 보이는 진홍의 꽃.

동백꽃은 옛날부터 하단에 사용되어 왔듯이 화목의 뿌리 마무리에 맞는다.

빨간 풍차

화재　포피
화기　항아리
양식　투입화

보통 꽃꽂이에서는 생화를 제외하고 한 종류의 꽃만을 꽂는 경우는 거의 없다. 주재(主材)의 아름다움을 배재(配材)에 의해 한층 높이려는 생각이 기본에 깔려 있기 때문이다.

그러나 포피와 같이 섬세한 꽃은 다른 화재를 섞지 않고 한 종류만을 꽂는 편이 포피 독자의 소프트한 맛을 살리는 것이다. 모양의 대소, 색의 농담에 따라 전체의 밸런스를 잡으면서 한개 한개의 꽃에 연결을 갖도록 구성했다. 재미있는 동화의 세계라고도 할 수 있지 않을까. 포피의 색이 나타내는 둥근 풍차 같다.

꽃의 귀여움과 조화를 이루도록 줄이 있는 둥근 화병을 선택했다.

자연의 아름다움을 실내에서 재현한다!!

꽃꽂이

편집부편

머 리 말

반쯤 열어젖혀진 이층 창문가에 놓여진 화병 한 개! 아침 햇살이 산뜻한 기분을 더해주는 시간, 창가에 놓여진 화병에는 갖가지 꽃들이 어우러져 저마다의 자태를 뽐내고 있는 듯하다. 아름다움의 극치라고나 할까? 많은 사람들은 그 꽃을 바라보면서 저마다 아름다움에 흠뻑 취하여 스스로 즐거운 마음이 된다.

한 송이의 꽃을 바라보는 심경 만으로도 우리는 아름다운 영상의 조화에 대한 감복을 받는다. 그러나 사실은 그 꽃이 제아무리 아름답다고 한들 제 빛을 잃고 있다고 한다면 그 진가를 인정받을 수 있을까? 적재적소에 놓여진 꽃 한 송이의 조화! 그것은 능히 사람들의 마음을 가로채고도 남음이 있을 것이다. 그러나 불필요한 곳에 아무렇게나 놓여진 꽃이라면 그것은 꽃으로서의 생명력, 즉 꽃으로서의 아름다움을 잃고 말 것이다. 꽃꽂이의 중요성은 여기에서부터 대두된다.

아름다운 꽃을 더욱 아름다운 것으로 만들기 위하여 사람들은 부단히 노력해 왔다. 그 결과 꽃꽂이 예술이 발달되었다고 할 수 있다. 똑같은 꽃인데도 꽃꽂이 기술이나 방법에 따라 그 모양도 달라지고 아름다움에도 차이가 난다. 원래부터 아름다운 꽃이

었던 것을 더욱 아름다운 예술품으로서 형상화시키고자 했던 인간의 지혜가 모아져서 발전시킨 꽃꽂이 예술의 진수는 요즘 사방 팔방에서 만날 수가 있다. 은행의 창구에서나 관공서의 탁자 등에서도, 그리고 가정의 응접실 등에서도 꽃꽂이가 잘 되어 있는 것을 우리는 쉽게 만나게 되는데, 보는 사람들은 단순히 아름답다 라는 생각만으로 지나쳐버릴지도 모르지만 그 꽃을 가꾸고 다듬어서 꽃꽂이 재료로 선택한 사람에게 있어서는 그것은 무던히도 애써서 만든 예술품이라는 사실을 기억해야 할 것이다.

  이 책은 꽃을 보다 아름답게 장식하고 싶은 독자들을 위하여 기획되어진 꽃꽂이 실전 가이드이다. 스스로 꽃꽂이를 익혀서 보다 아름다운 삶을 즐기면서 살아갈 수 있도록 한 번쯤 꽃꽂이 기술을 자신의 것으로 만들어보는 것도 좋을 것이다. 기왕이면 돋보이고 싶은 것이 인간의 본능이다. 꽃꽂이에 익숙한 당신은 다른 사람 앞에서 한결 돋보일 것이다.

  꽃과 함께하는 사람은 언제 어디서나 기품있는 사람으로서 존경받을 수 있다. 보다 아름다운 삶에 대한 창조는 당신의 노력과 의지 여하에 달려 있음을 결코 잊지 말기 바란다.

차 례

- ＊화보/화려한 향연……………… 2
- 정열의 자태……………… 4
- 늠름하게 핀다……………… 6
- 핀 꽃을 가지끝에 안는다……… 7
- 빨간 풍차……………… 8
- ＊머리말……………………… 11
- ＊꽃꽂이 화형………………20

1. 현대꽃의 미 (美) ……………………………………… 35

- 젊은 그룹……… 36
- 시원한 의장……… 38
- 나무와 꽃과 열매……… 39
- 꽃이 말한다…… 40
- 과거와 현재……… 42
- 속삭임……… 44
- 기도………45
- 인간 모양……… 46
- 리듬의 색……… 47
- 전아하게 새롭게…… 48
- 허심한 마디로……… 49
- 오엽송……… 50
- 매 화…… 51
- 그 우미한 가지를 흘려……… 52
- 양화와의 조화를 기한다……… 53
- 고독과 대조로 고상하게……… 54
- 꽃과 꽃이 서로 대화하듯이 …… 55
- 직선으로 다룬다……… 56

- 5월의 싱그러움과 함께 ………… 57
- 엉겅키 ……… 58
- 휘청거리는 이삭을 강조하여 …… 59
- 유현한 아름다움을 ……… 60
- 색의 뉴앙스를 살린다 ……… 62
- 계절의 기미를 잡아 ……… 63
- 비 개인 날 ……… 64
- 그 의장미를 살린다 ……… 66
- 큰 잎에 이슬을 담아 ……… 68
- 우리의 정서로 피는 양화 ……… 69
- 물과 놀듯이 ……… 70
- 난의 긴 잎을 첨가하여 ……… 72
- 야성의 매력을 이끌어낸다 ……… 73
- 싱싱하게 신선하게 ……… 74
- 요염함을 띠운다 ……… 75
- 덩굴에 자유로움을 가지게 한다 …… 76
- 탈색 화재와 대비시켜 ……… 77
- 신선함을 만든다 ……… 78
- 유동하는 선과 열매 ……… 80

2. 꽃꽂이 구성에 관한 6가지 항목 ……… 81

- 싸리비 ……… 90
- 죽 림 ……… 92
- 정원 빛 ……… 93
- 뱃놀이 ……… 94
- 하원의 가을 ……… 96
- 달과 기러기 ……… 97
- 물에 비친다 ……… 98
- 꽃의 휴식 ……… 100
- 돌에 생각한다 ……… 101
- 인왕문 ……… 102

- 꽃 두레박·············· 103
- 납작한 돌을 깐 길············ 104

3. 초목의 미와 개성 ············ 105
- 칼라를 장단의 대비로 살린다····· 106
- 에리카를 풍부한 마세로 취급한다······ 107
- 구색이 아름다운 초화동지········ 108
- 한 종류의 아름다움을 강조한다····· 109
- 마세 중에도 동감과 변화를······· 110

4. 꽃꽂이의 주의점 ············ 111
- 고무잎의 매끄러운 질감······· 112
- 얼룩무늬를 살려······· 113
- 잎과 꽃의 시원한 협조······ 114
- 골짜기 건너기를 2개의 꽃병에 걸쳐······· 115
- 산세베리아를 전후에 두어······· 116
- 둥근 잎의 모양과 톱니형의 재미····· 117
- 팔손이 잎을 재미있게 사용한다······ 118

5. 꽃꽂이의 아름다움 ············ 119
- 용수초를 직선과 절선으로 나누어 사용한다····· 120
- 연밥의 풍정있는 직선····· 121
- 속새를 마세와 면의 감각으로 취급한다······· 122
- 용수초를 우산 모양으로 꺾어 구부려····· 123
- 행이류의 가지를 고리로 만들어····· 124
- 야자나무의 어린 순을 2개의 고리로 해서······ 125
- 석화류, 금잔화의 곡선을 옆으로 흘려······ 126
- 수양버들을 자유로운 고리로 만들어서····· 127
- 석화류의 유동미를 강조한다····· 128

6. 꽃꽂이의 요령 ·· 129

- 피닉스로 새의 이미지를 ········· 130
- 뉴사이랜의 잎 끝을 구부린다 ······ 131
- 팔손이 잎에 차분함을 갖게 하여 ······ 132
- 대왕풀의 끝을 그믐달 모양으로 자른다 ······ 133
- 몬스테라의 균형을 깨고 사용한다 ······ 134
- 개옥잠화의 잎의 잎맥을 이용해서 ······ 135
- 개옥잠화의 잎에 해, 달의 구멍을 뚫어 ······ 136

7. 꽃꽂이의 다양화 ··· 137

- 두시의 가지를 흘리 자연의 풍정 ······ 138
- 상승하는 것과 하강하는 것 ······ 139
- '노박덩굴을 사용한다 ········ 140
- 리드미컬한 강아지풀의 줄기와 이삭 ······ 141
- 알알이 맺힌 열매를 옆으로 길게 꽂는다 ······ 142
- 고추의 가지를 좌우로 나누어 꽂는다 ······ 143
- 정과 동의 감각을 융합시켜 ······ 144

8. 화재의 새로움 ··· 145

- 나무의 개성과 재미를 살려 ······ 146
- 나무의 강렬함과 꽃의 밝음 ······ 147
- 고목에 꽃을 끼워 액센트를 ······ 148
- 세로로 구성한 고목을 중심으로 ······· 149
- 덩굴을 힘있게 옆으로 걸친다 ······ 150
- 포도 덩굴의 곡선을 부드럽게 ······ 151
- 덩굴의 소박한 맛과 양란 ········ 152
- 운용상을 재미있게 세워서 ······ 153
- 빨간 덩굴의 한적한 곡선 ······ 154

9. 꽃꽂이의 자연미 ··· 155
- 청나래 고사리와 양란의 만남 ······ 156
- 수수 줄기를 기하학적인 모양으로 ········ 157
- 청나래 고사리를 경쾌하게 의장한다 ········ 158

10. 꽃꽂이의 새로운 재료 ··· 159
- 삼지닥나무의 모양과 표면의 아름다움 ······ 160
- 덩굴을 자유로운 곡선으로 다루어 ······ 161
- 삼지닥나무를 목립처럼 사용한다 ······· 162
- 삼지닥나무를 종횡으로 조합시켜 ······ 163
- 뽕나무의 유동미를 강조하여 ······ 164
- 덩굴의 경쾌한 리듬을 살리다 ······ 165
- 등나무 덩굴을 리드미컬하게 사용하여 ······ 166

11. '꽃꽂이'와 '숙명'의 연결 ·· 167
- 탈색 오크라를 별처럼 벌려 ······ 168
- 탈색 대싸리를 마음껏 춤추게 한다 ········ 169
- 탈색 꽈리와 생화인 거베라 ······ 170
- 노란 착색의 밝은 고사리를 중심으로 ······· 171
- 탈색 엽란의 환상적인 분위기 ······· 172
- 채종각을 원과 선으로 사용하여 ······· 173
- 다른 형과 색을 조화시킨다. ········ 174
- 탈색 소철의 면을 보이며 ········ 175
- 탈색 빈랑수의 화려한 순백 ······ 176

18   꽃꽂이

12. 꽃꽂이의 이질재료 ································ 177
- 비닐 선을 좌우로 흘려서 ········ 178
- 등나무 덩굴의 소용돌이 무늬를 중심으로 ······· 179
- 탁구공에 꽃과 잎을 조화시킨다 ······ 180
- 탁구공을 경쾌하게 교차시켜 ····· 181
- 마른 조의 이삭을 마세로 하여 ······ 182
- 늘어진 뽕나무 선의 아름다움 ····· 183
- 공작 날개의 호화로운 무드 ······ 184

13. 양화를 테마로 하여 ································ 185
- 아이리스 ········ 186
- 후리지아 ········ 187
- 나팔 수선 ········ 188
- 스토크 ········ 189
- 군자란 ······· 190
- 마아가렛 ········ 191
- 튜울립 ········ 192
- 데이지 ········ 193
- 칼   라 ········ 194
- 서양장미 ········ 195
- 카네이션 ·········· 196
- 스위트 설탄 ······ 197
- 스토케시아 ······· 198
- 알리움 ········· 199
- 철포 백합 ········ 200
- 엉겅퀴 ········ 201
- 아마릴리스 ········ 202
- 리아트리스 ······ 203
- 포   피 ········· 204
- 독일 엉겅퀴 ······ 205
- 다알리아 ·········· 206

- 거베라 ············· 207
- 크레마티스 ········ 208
- 해바라기 ··········· 209
- 안스류움 ·········· 210
- 스트렐리치아······ 211
- 글라디올러스 ····· 212
- 덴드로비움 ········ 213
- 심비디움 ··········· 214

※ 꽃말···215

꽃꽂이
화 형

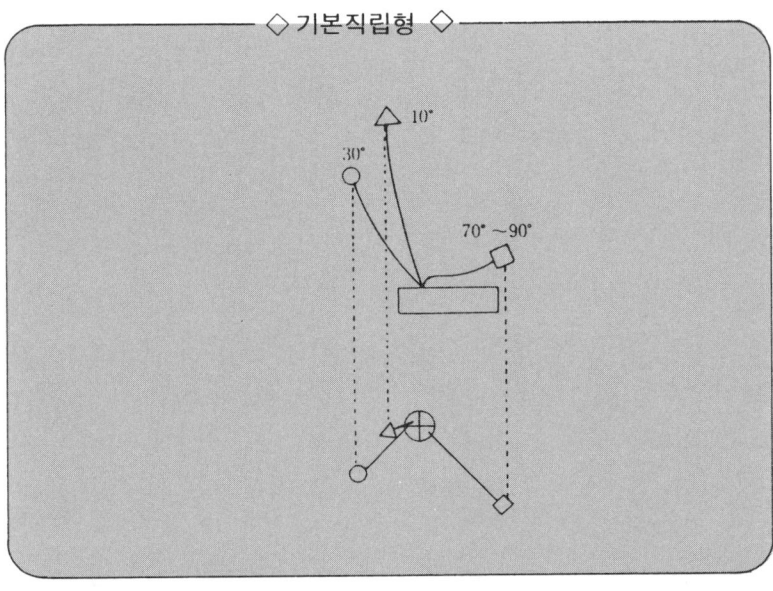

◇ 기본직립형 ◇

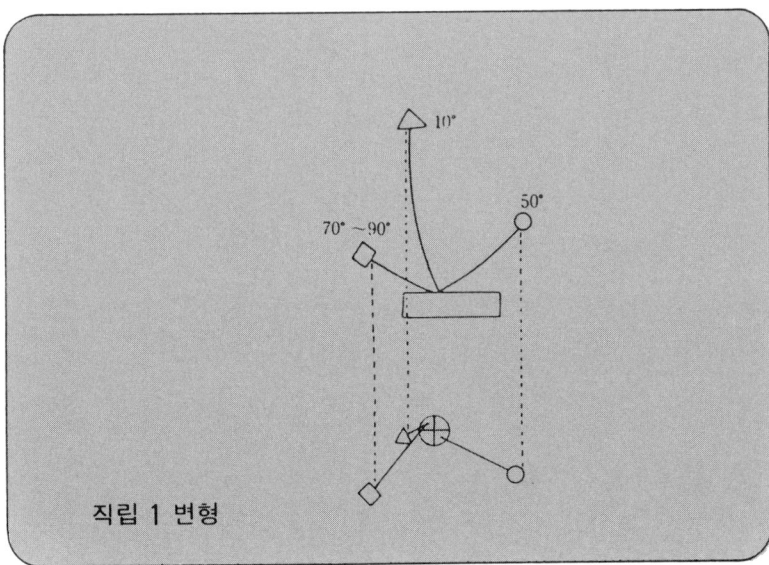

직립 1 변형

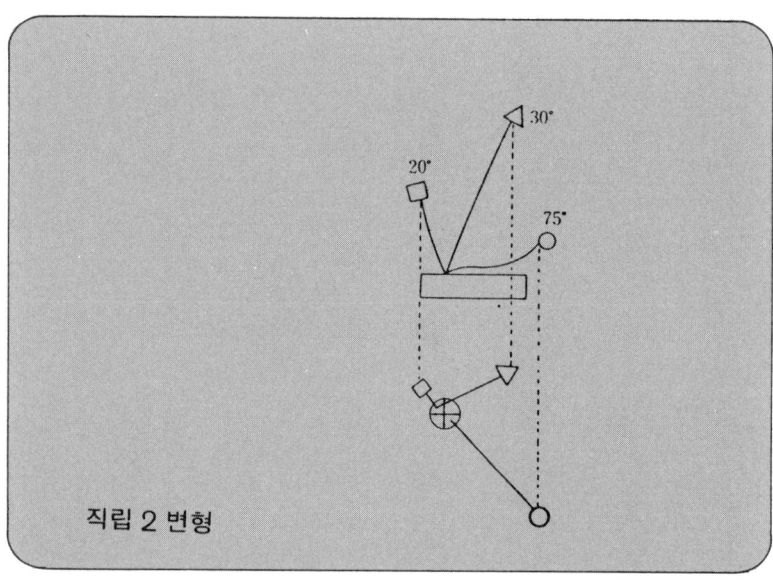

직립 2 변형

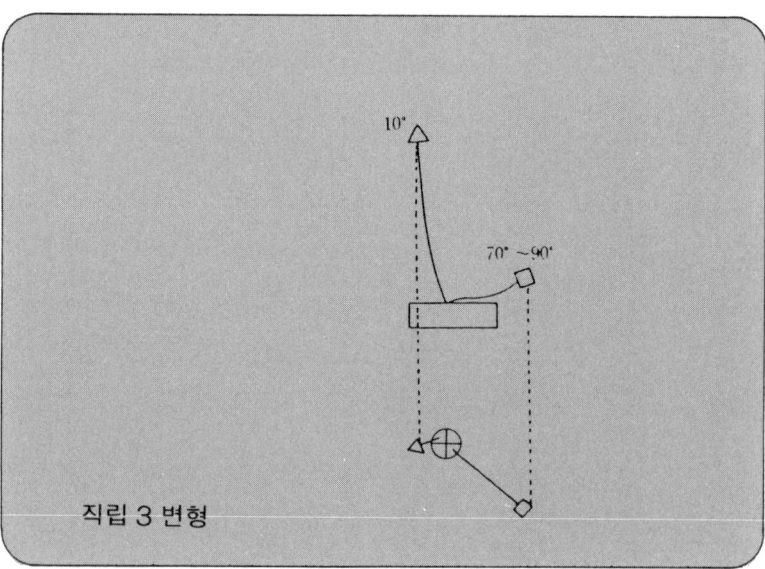

직립 3 변형

꽃꽂이 23

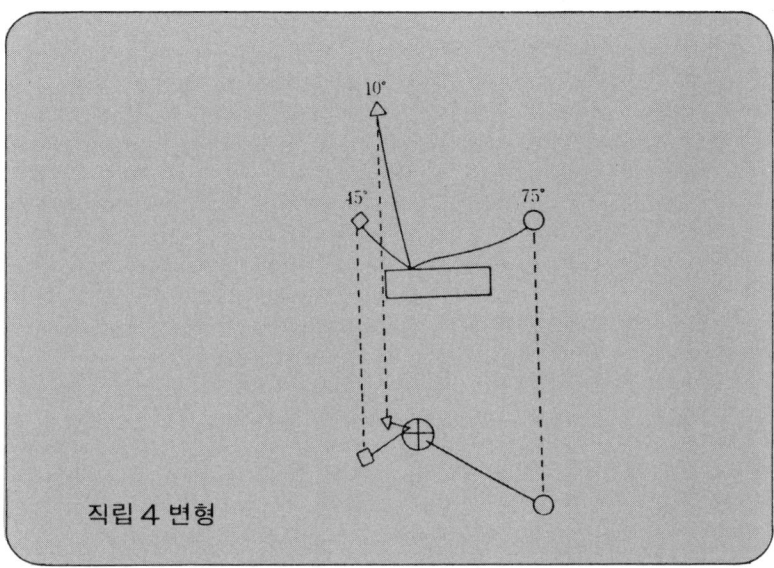

직립 4 변형

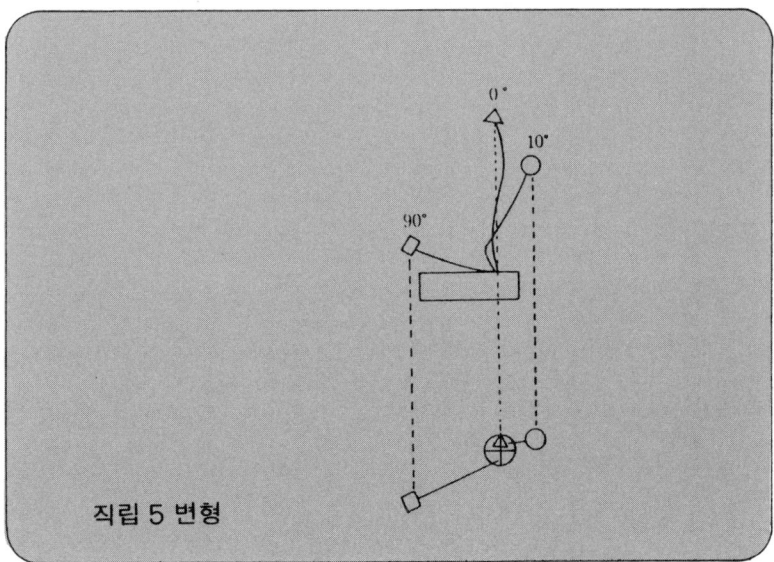

직립 5 변형

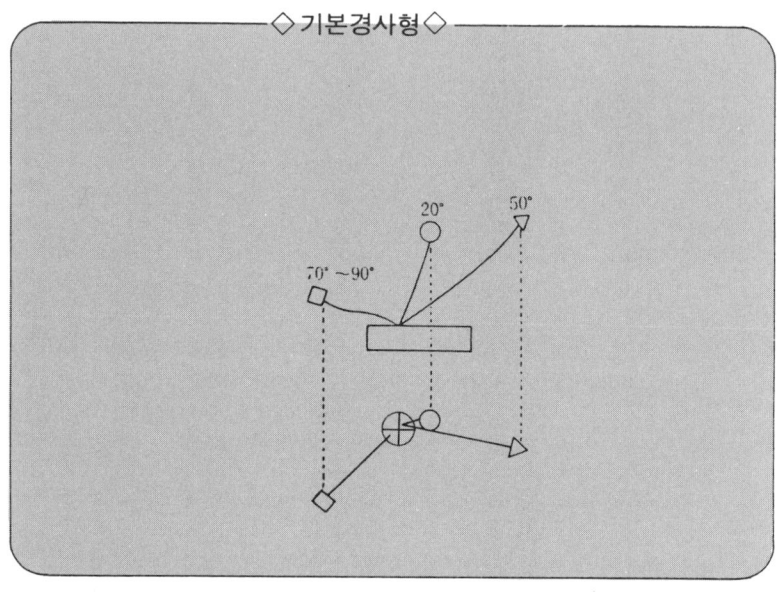

◇기본경사형◇

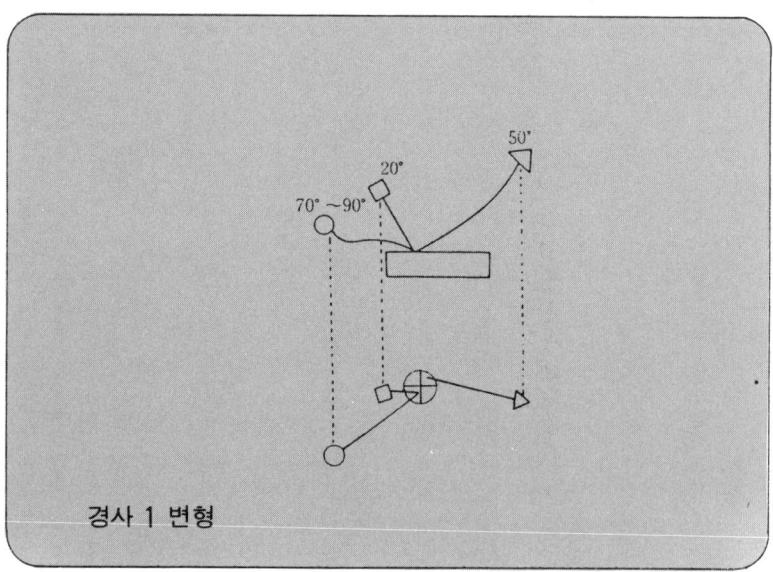

경사 1 변형

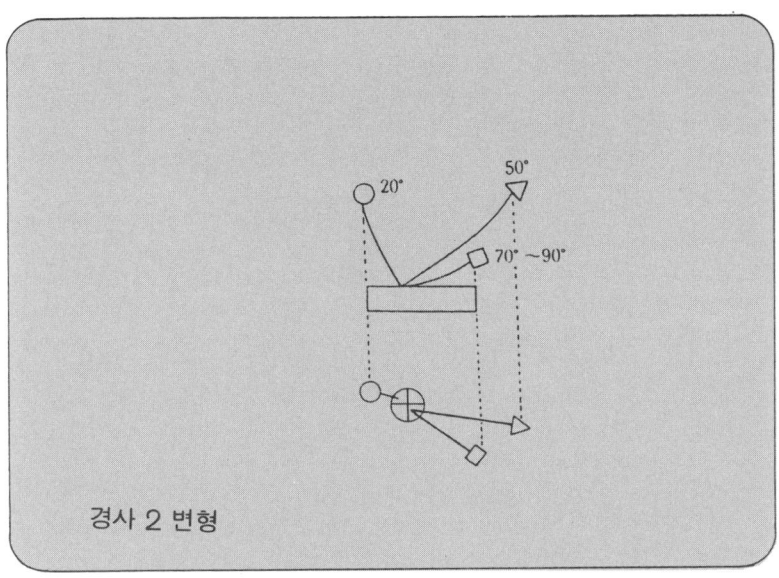

경사 2 변형

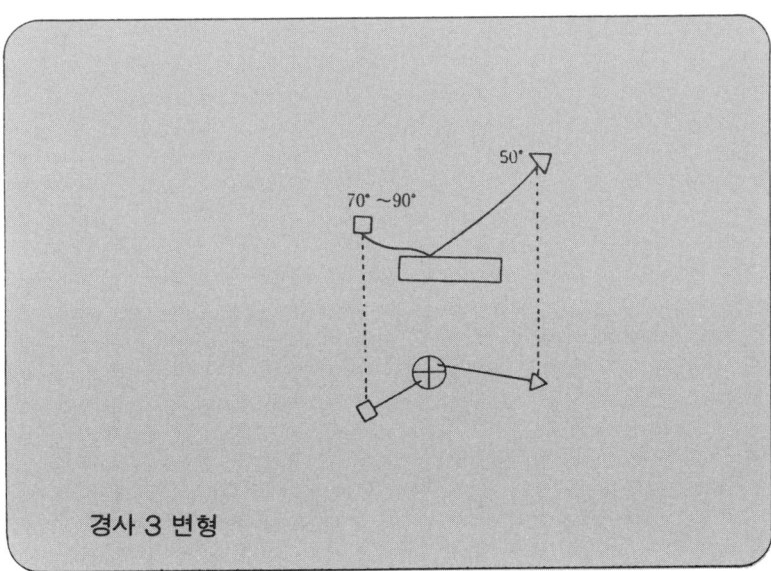

경사 3 변형

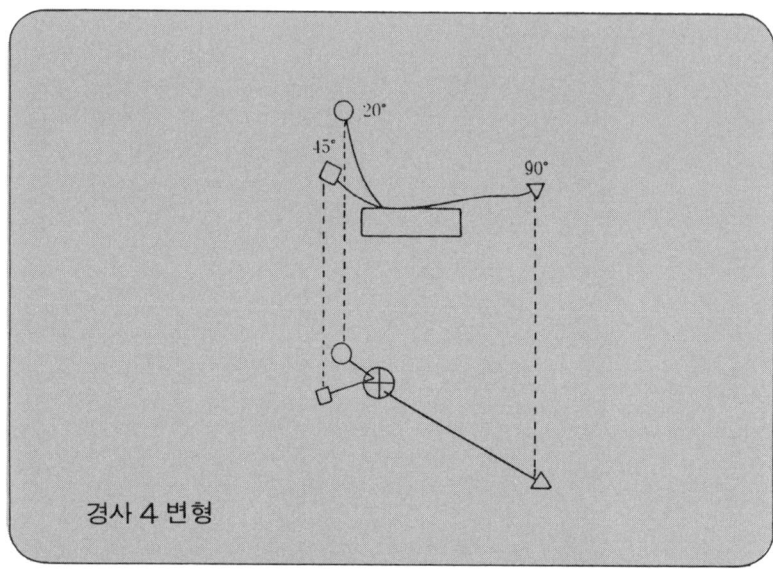

경사 4 변형

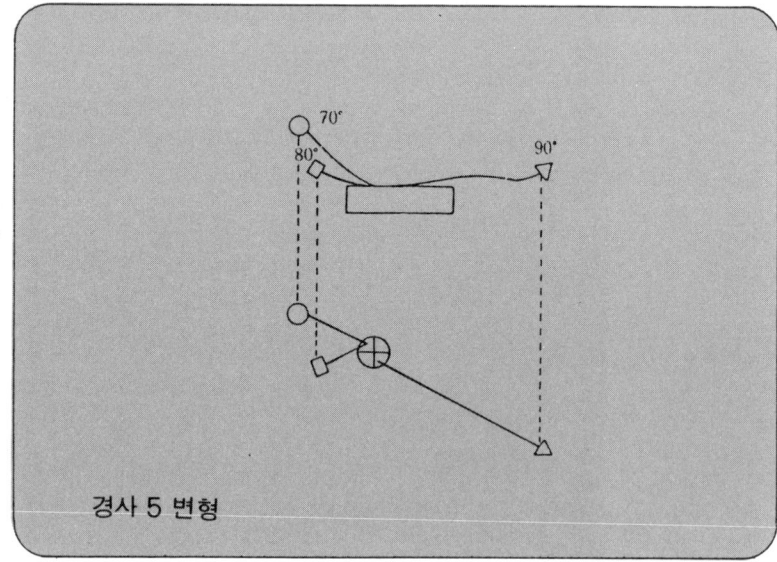

경사 5 변형

◇ 기본분리형 ◇

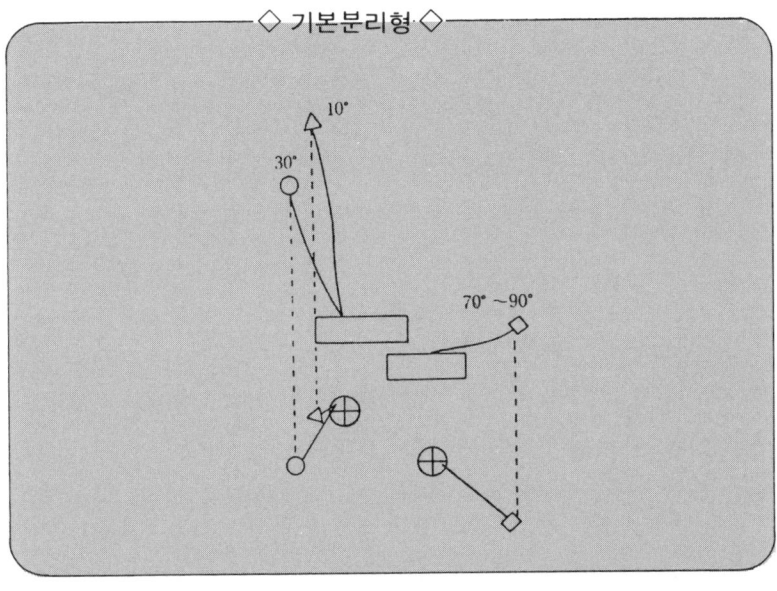

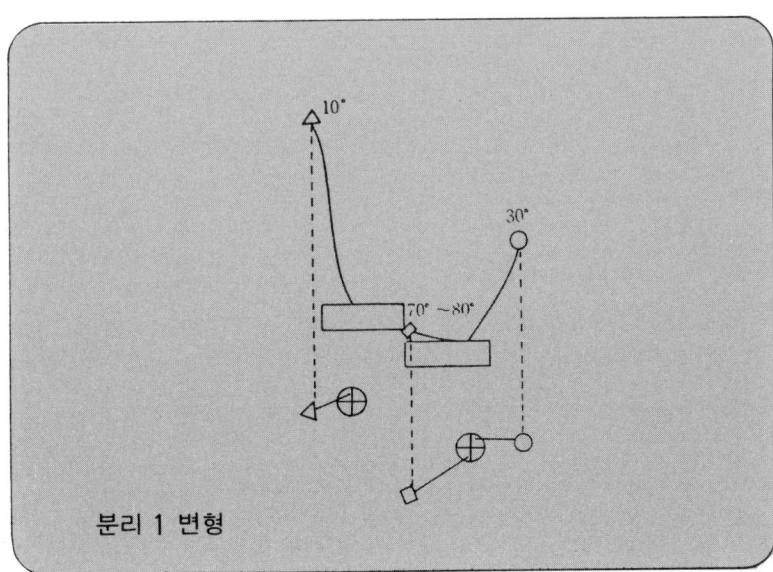

분리 1 변형

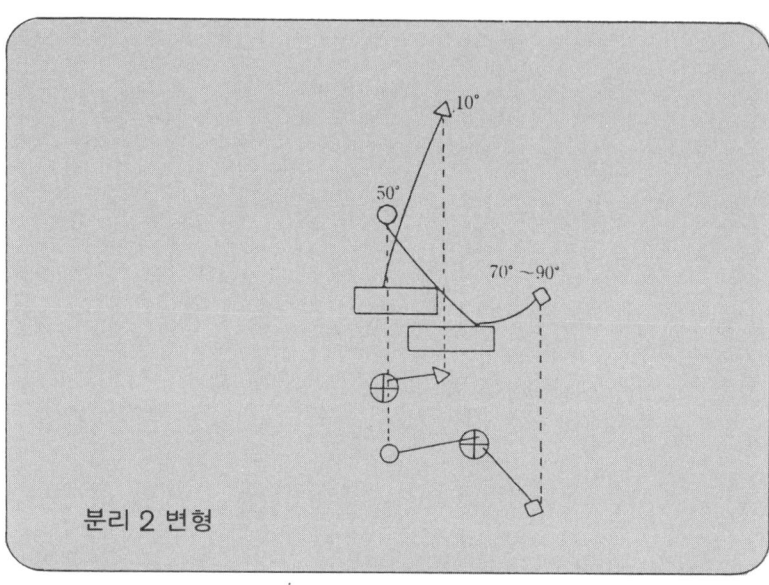

분리 2 변형

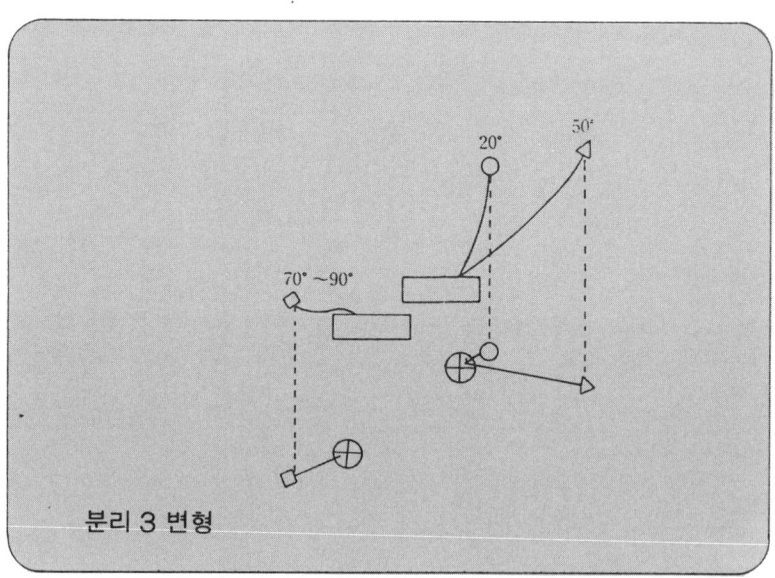

분리 3 변형

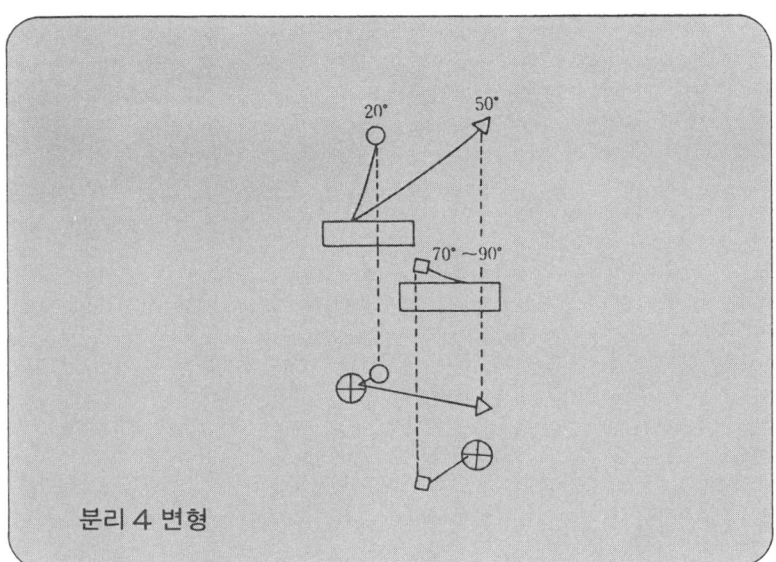

분리 4 변형

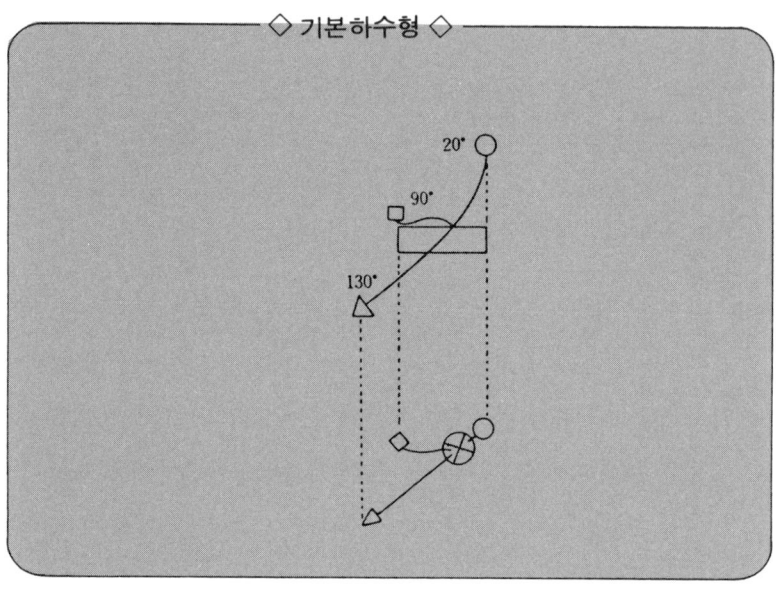

◇ 기본하수형 ◇

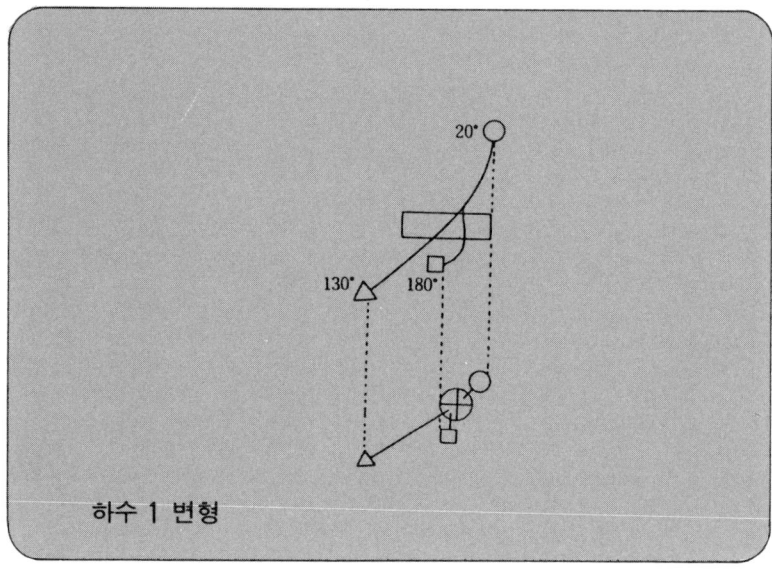

하수 1 변형

꽃꽂이 31

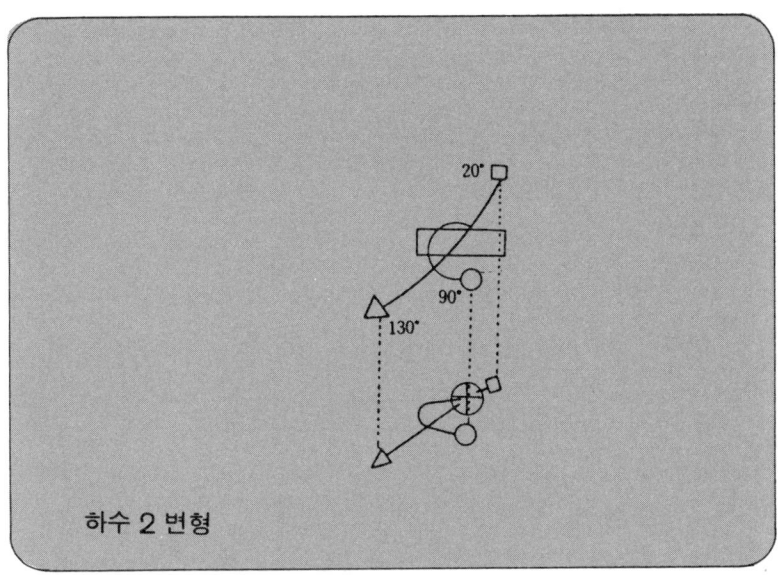

하수 2 변형

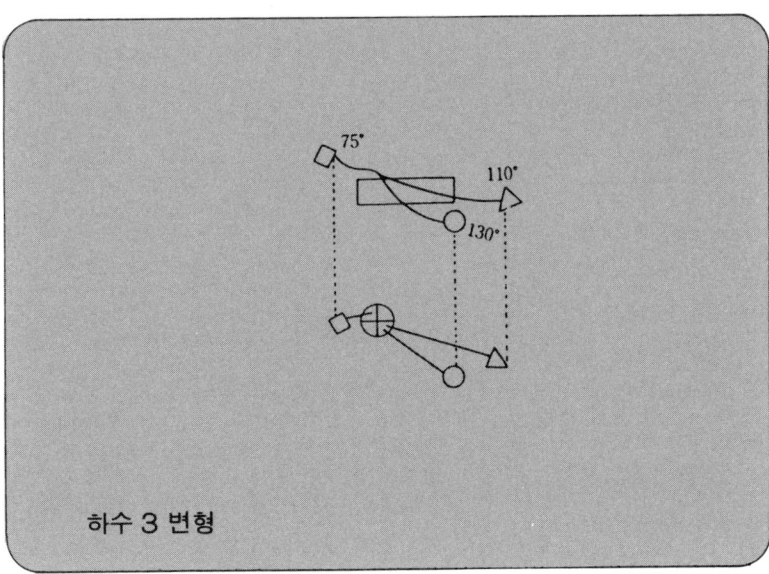

하수 3 변형

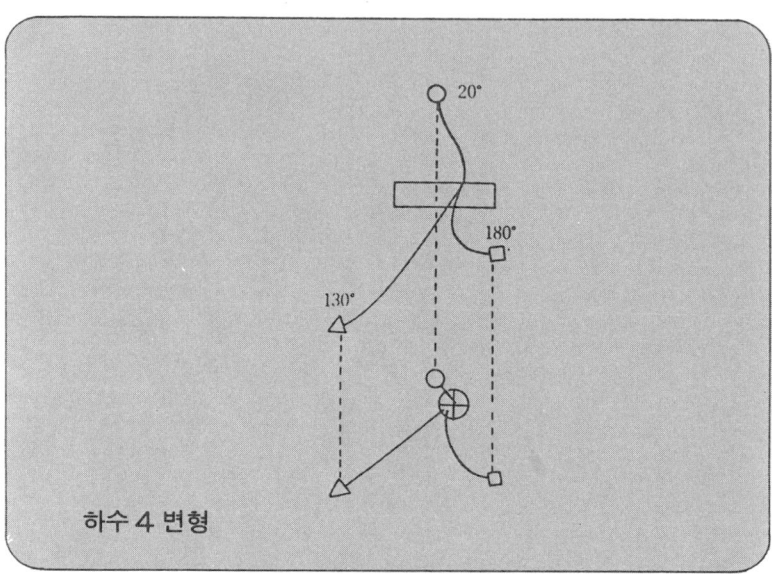

꽃꽂이

◇ 4 방형 ◇

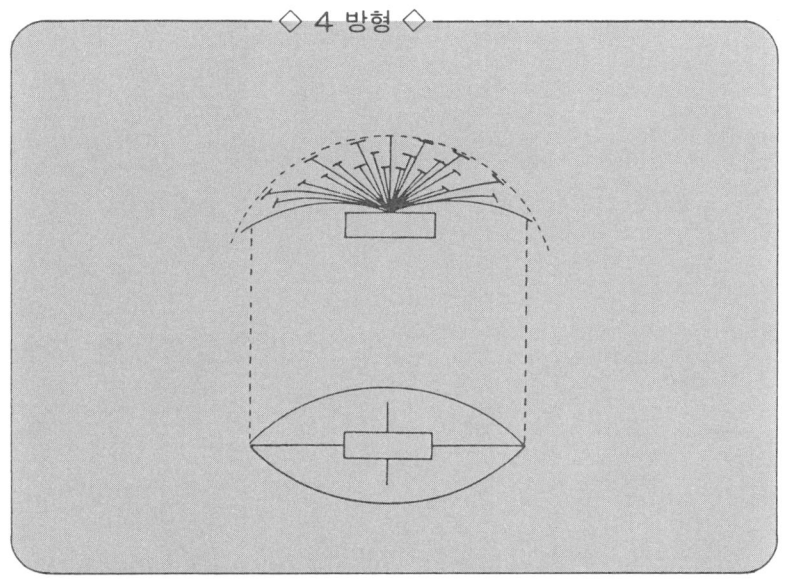

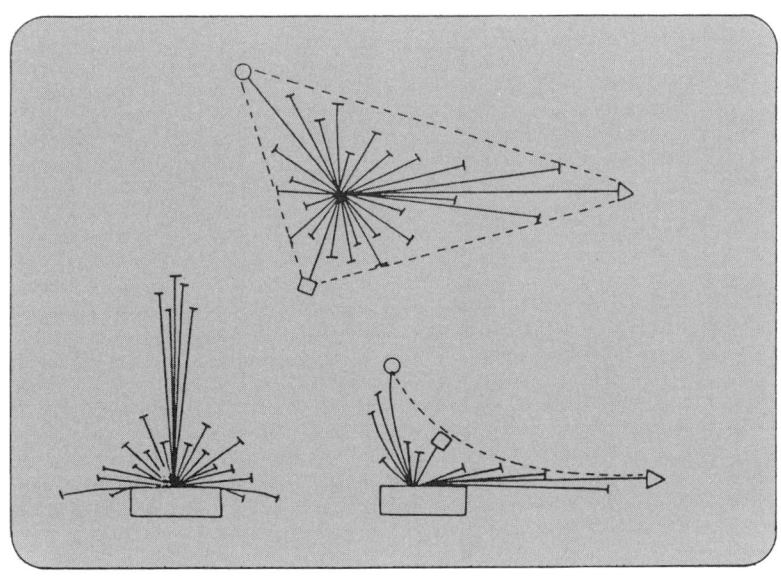

1. 현대꽃의 미

　현대꽃이란 현대의 꽃꽂이라는 의미로 현대라는 시대의 감정이나 감각을 나타내어 현대의 다양한 환경에 조화를 이루는 꽃이라는 뜻이다. 꽃꽂이 수법, 형식, 양식으로써는 현대에서 성화(盛花)와 투입화(投入花)라는 2가지의 구별이 있는데, 현대의 복잡 다양한 심상이나 감성을 나타내는데 성화나 투입화라는 종래의 용어만으로는 왠지 충분치 않은 듯한 심정이 현대인의 마음 속에 형성되어 이것이 성화, 투입화를 기반으로 하여 현대화가 전개된 하나의 이유가 되어 있는 것이다.
　사실 성화나 투입화는 고전의 꽃을 범주로 한 3개의 줄기에 의해 꽃의 자태를 구성하고 있지만 현대의 꽃꽂이는 반드시 그에 의존하지는 않는다. 자유화라는 이름이 있듯이 자유로이 자기의 감정을 꽃 안에 표현한다. 현대화가 성화, 투입화의 형식을 취하면서 그들이 다른 미감을 나타내는 것은 이 때문이다.
　자유로이 화자(花姿)가 구성되는 것이 현대화의 특징이라고 해도 무엇인가 구성의 요소가 되는 것, 기준이 되는 것이 있을 때 비로서 균형이 잡히는 것이다. 물론 3가지의 줄기도 발전한 형으로 현대화에 쓰여지고 있으나 달리 구성 요소도 구사하여 그 아름다움이 만들어진다. 현대꽃의 또 한가지 특징에 테마에 의해 꽃을 살리는 것이 있는데 여기에서는 그것을 나타내면서 현대화의 아름다움을 여러가지 각도에서 추구했다.

젊은 그룹

화재 소철, 스위트피(sweet pea)
화기 다리 달린 배모양 수반
양식 성화(盛化)

　꽃꽂이는 몇 개인가의 가지랑 꽃의 조합에 의해 고저나 장단의 균형을 생각하여 조화를 이루게 하는 경우가 많은 것이다.

　옆으로 긴 배 모양의 화기에 면을 살린 소철 잎을 5장 높게 병렬시켜 구성의 기본으로 삼는다. 소철은 틈이 난 잎을 꽂아 면과 합쳐 선의 효과를 발휘한다. 홍색과 핑크의 스위트피를 소철의 발 근처 낮게 흩어 놓듯이 다루어 소철의 딱딱한 발가를 부드럽게 채색했다. 소철의 '고'에 대해 '저', '장'에 대해 '단'이 되도록 한 것이다.

　좌우 상칭적인 형을 취하면서 스위트피의 색을 나누고, 꽃에 약간 장단의 차이를 보이는 등 작은 점에도 마음을 쓰는 것이다. 단순 명쾌한 형태 안에도 꽃꽂이로써의 깊은 맛이 나타나도록 다룬 것이다.

시원한 의장

화재 아가판더스(Agapanthus), 칼라디움(Caladium)
화기 발이 달린 수반
양식 성화

시원한 보라색의 아가판더스는 한개를 보아도 상당히 개성적인 꽃이지만 몇개를 모아 이용하면 더욱 그 개성이 강조된다.

여기에서는 줄기의 직선과 꽃의 마세(Massé)가 만드는 형체의 재미를 살리고 상하에 조형을 대비시키는 구성을 해 보았다. 상부 꽃의 마세에 대해 중앙부는 깨끗한 공간을 보인다. 하부에도 아가판더스의 마세를 만드는데 이 경우는 화기가 갖는 양감을 계산하여 상부보다 가볍게 했다.

물 옆에 낮게 배치한 칼라디움의 잎이 섬세한 잎면을 보이면서 마세와 직선의 단조로움을 깨는 명쾌한 액센트가 되고 있다.

나무와 꽃과 열매

화재　다알리아, 금보수, 폭스훼이스(Fox Face)
화기　다리 달린 부채 모양 화기
양식　성화

　다알리아, 금보수, 폭스훼이스는 식물적으로 보아도 꽃, 나무, 열매로 각각 다르다. 조형적으로 보아도 색, 모양, 질감이 각각 다른 화재이다.
　이 이질적인 3가지의 화재를 각각 주장시키면서 하나의 작품으로 정리해 보았다. 폭스훼이스는 개성적인 열매를 나타낸다. 금보수는 가는 가지의 잎의 부드러움을 살려 선으로써의 흐름을 윗변에 만든다. 이 두가지의 화재가 만든 공간에 다알리아 2개를 양감으로 배치시켜 전체의 촛점으로 삼았다. 다알리아의 정(静)을 중심으로 금보수와 폭스훼이스의 이질적인 움직임이 전개되는 형이라고 할 수 있을런지 모른다.

꽃이 말한다

화재   수련
화기   반달형 변형 화기
양식   성화

수련은 수초라는 관념에서 보면 큰 수반 등에 잎을 띄우면서 사실풍으

로 살려 꽂는 것이 보통으로 되어 있다. 그러나 현대꽃의 경우는 '꽃은 홍, 가지는 녹'이라는 고정 관념만으로 화재를 보는 전개에서 크게 발을 내디디고 있는 것이다. 그런 상식을 떠나 현대꽃으로서의 자유로운 발상으로 수련을 다루어 보았다.

화기의 반달 커브를 따라 수련의 꽃목 부분만을 겹치듯이 옆으로 늘어 놓고 보통 때는 물 속에 떠있는 수련의 긴 줄기를 고리로 만들어 그릇 한쪽에 등간격으로 감아 놓았다.

과거와 현재

화재 　탈색 빈로우수 잎, 수국
화기 　긴항아리
양식 　투입화(投入花)

　　관엽식물의 잎이라도 잎의 아름다운 재료는 대부분의 경우 평면적인 효과로 다루어지고 있으나 잎면이 넓고 긴 잎은 취급 방법에 따라서는 입체 표현에도 적합하다. 탈색하여 섬유가 부드러워진 빈로우수의 잎에 멋이 있다고 할 수 있다. 그 빈로우수잎 곁에 양감을 갖게 하고 전후에 겹쳐지듯이 하여 화병의 오른쪽으로 늘어뜨린다. 희게 건조되어 인공적인 멋을 보이는 이 빈로우수 잎에 대해 왼쪽에는 자연 그대로의 신선한 수국을 배치했다. 드라이한 잎과 꽃과의 질적, 색채적인 대비이다. 양자는 각각 과거와 현재를 상징하고 있다고도 할 수 있다. 모두 충분한 양감을 나타내도록 다루었다. 수국 뒤에 꽃을 겹쳐 깊이를 나타내고 있다.

1. 현대꽃의 미 43

속삭임

화재 수국(水菊), 도라지
화기 대가 달린 변형 화기
양식 성화

 선에 따라 공간을 형성하는 것이 꽃꽂이의 한가지 방법이었다. 동서고금의 양식화된 꽃꽂이를 보면 분명히 그런 것을 많이 사용하고 있다. 그러나 현대의 꽃에서는 소재의 출생적인 면 뿐만이 아니고 여러 가지 각도에서 이것을 다룸으로 해서 꽃의 여러 가지 모습을 나타낼 수 있다.

기도

화재 조, 도라지
화기 둥근 단지
양식 투입화

풍만한 둥근 단지의 둥근 윤곽선에 맞추어 조와 도라지를 좌우에 대조시킨 꽃꽂이이다. 오른쪽에는 조 열매의 풍요로운 느낌이 그대로 나타나도록 이삭을 넘치듯이 늘어뜨렸다. 왼쪽에는 이와 대조적으로 도라지를 여러 개 산뜻한 감각으로 꽃의 얼굴로 배치했다.

인간 모양

화재 노박덩굴(까치밥), 거베라(Gerbera)
화기 흑색 변형 단지
양식 투입화

현대화의 발상법의 하나로서 화기에서 이미지를 끌어내는 방법이 있다.

여기에서는 역동감이 있는 다면적인 화기를 얻어 화재에도 동적인 재미가 있는 노박덩굴을 조합하였다. 파란 열매를 단 재료를 골격으로 해서 그 굵은 줄기에 노박덩굴을 엮어 동력이 있는 밸런스를 만들었다. 화기와의 양적인 밸런스를 기한 것이다. 가장자리 아래에 붉은 색의 거베라를 가하여 공간의 밀도를 더욱 높였다.

리듬의 색

화재 착색 양치, 칼라
화기 유리 화병
양식 투입화

여기에서는 파랑이랑 오렌지로 착색한 양치를 사용하여 경쾌한 리듬을 표현했다. 곡선으로 만든 양치를 부드러운 화병의 둥근 맛을 따라 위에서 아래, 아래에서 위, 오른쪽에서 왼쪽, 왼쪽에서 오른쪽으로 엮어 가볍고 격렬한 움직임을 구성하고 있다. 화기의 붉은 자주를 기조로 하여 양치색이 혼입되어 음악으로 말하자면 룸바 리듬이라고 할 수 있는 정렬적인 감정을 나타낸 것이다.

그 리드미컬한 움직임을 황색 칼라로 정확하게 마무리하면서 이 칼라를 중심으로 양치의 고리가 회전하고 있는 것이라고 할 수 있다.

전아하게 새롭게

화재 소나무, 장미, 각피 삼지닥나무
화기 화병
양식 투입화

줄기 일면에 방음이 달린 노송은 여러가지의 노송(老松) 중에서도 중후한 재료로 꼽힌다. 사람에 따라 깊이가 다르듯이 소나무도 그 종류에 따라 각각 다른 분위기를 자아낸다. 이 특성을 살려서 배치하도록 한다.

허심한 마디로

화재 대나무, 나팔 수선, 과꽃, 등나무
화기 변형 수반
양식 성화

꼿꼿한 줄기, 가볍게 휘어지는 잎, 그리고 '허심한 마디로'라고 일컬어지는 질서 바른 마디. 대나무의 이와 같은 특성을 명쾌하게 살려 화기의 중심에 단단히 세웠다.

오엽송

화재   오엽송, 수선화(Daffodils)
화기   장방형 수반
양식   성화

　소나무는 옛날부터 매우 귀한 것으로써 선호되어 언제나 젊고 원기있게 지내고 싶다고 바라는 사람의 마음을 나타내는 것이므로 정월 등에는 빼놓을 수 없는 화재가 되고 있다. 노송, 약송 등 분류의 개념은 어떻든 각각 다른 풍정이 있어서 재미있는 꽃꽂이를 할 수 있다.

　이 꽃꽂이에 사용한 나무는 오엽송으로 보통 소나무와는 다른 격조가 있고 바늘과 같은 긴 잎이 매우 아름다워 산수와의 조화도 매우 좋은 것이다. 수선화는 겨울에서 봄에 걸쳐 볼 수 있는 꽃 중에서 옛날부터 없어서는 안될 것으로서 선호되었다.

매화

화재 매화, 나팔수선, 동백꽃나무
화기 입구가 두 개인 화병
양식 투입화

이끼 낀 가지, 날카롭게 교차하는 가지, 꼿꼿하게 뻗은 나뭇가지 등등. 매화는 그 출생이 나타내듯 가지 선단 끝까지 힘이 뻗어 있고 한개로서도 늘어지거나 하지는 않는다. 그런 가지의 특성을 파악하여 교차하는 가지와 뻗는 가지를 대조시켜 긴장된 선을 공간에 구성했다. 대소 2개의 입구를 가지고 있는 변형 화병에 맞추어 장단 2개의 매화를 좌우로 나누어 꽂았다. 교차하는 가지를 짧게, 뻗는 가지를 길게 다루어 쌍방의 밸런스를 기했다.

중심에 나팔 수선의 마세와 동벽꽃나무의 잎을 꽂아 마무리하여 매화의 딱딱한 나무결이 밝고 부드럽게 보이도록 했다.

그 우미한 가지를 흘려

화재   복숭아꽃, 스토크(Stock)
화기   변형 화기
양식   성화

복숭아꽃은 3월 3일 축제 때 축하의 꽃으로써 꽃꽂이에 옛날부터 많이 쓰여져 온 화재이다. 처음에는 약용적인 의미로 다루고 있었으나 후에는 그 특징있는 우미한 자태, 부드러운 가지, 귀여운 꽃맛 등 전체적으로 여성적인 아름다움이 어느 사이엔가 축제에 어울리는 꽃이 되었다.

복숭아꽃의 이 여성적인 아름다움은 자주 매화의 남성적인 강렬함과 비교되는데 꽃꽂이 때에도 가지의 이 수수한 곡선을 살려 다루는 것이 중요하다.

여기에서도 로케트탄과 같은 유선형의 화기를 따라 복숭아꽃 가지를 유동적으로 다루고 그 여성적인 부드러운 맛을 강조했다.

양화와의 조화를 기한다

화재   벗꽃, 군자란
화기   화병
양식   투입화

　벗꽃은 경쟁하듯 피는 모습이 가장 아름답다. 꽃꽂이에서도 한가지를 감상하는 것 보다 큰가지와 개화를 충분히 기대할 수 있는 벗꽃의 개성미가 발휘되도록 하고 있다.
　벗꽃에 양화인 군자란을 조합하여 현대적인 투입화로 구성해 보았다.
　손가락으로 누른 듯한 변형된 풍류의 화병에 가지를 자연스럽게 살린다. 밑에 엷은 오렌지색의 군자란을 배치하였다.

고목과의 대조로 고상하게

화재 모란, 매화 고목
화기 변형 수반
양식 성화

중국에서 옛날부터 귀하게 여겨져 온 모란은 귀인의 꽃, 백화의 왕으로서 존중되어 왔다. 그 전통이 꽃꽂이에서도 귀하게 여겨져 모란은 다른 꽃과 섞지 않는 것, 반드시 모란만을 모아 꽂았던 것이다. 모란에는 다른 꽃에 견줄 수 없는 높은 지위가 부여되어 있었던 것이다.

모란 한 종류만으로 꽃꽂이를 해도 아름다움이 훌륭하게 연출된다.

꽃과 꽃이 서로 대화하듯이

화재　백합
화기　입구가 작은 화병
양식　투입화

백합에는 그 종류가 많다.

희미하게 엷은 홍색을 띠고 있는 이 백합의 색조는 수많은 백합 중에서도 가장 청아한 아름다움을 보이는 것이다.

파도가 약하게 일렁이는 듯한 무늬가 있는 입구가 작은 화병에 이 백합의 청아한 모습을 살려 보았다. 한개는 위로 꽂아 높게, 또 한개는 뿌리를 잘라 낮게 각각의 꽃의 방향을 생각하여 다룬다. 화기와 꽃이 일체가 되어 아름다운 정감을 보여주고 있다.

겨우 2개의 백합이지만 꽃이 각각 서로 이야기하는 듯한 친밀감을 보이고 있는 것이 이 꽃의 포인트라고 할 수 있는 것이다.

직선으로 다룬다

화재   꽃창포, 죽도 백합, 데이지(daisy)
화기   손으로 짠 바구니
양식   성화

  꽃창포의 직선으로서의 아름다움을 강조하듯이 꽃과 잎에 장단을 붙이고 중심에서 좌우로 부채상으로 펼치는 구성을 취한 성화이다.
  아래에 가련한 죽도 백합과 데이지를 첨가하여 부드러움을 내고 있다. 손으로 짠 소박한 바구니와 조화되도록 3자를 고저의 변화도 실질적으로 다루었으므로 꽃창포의 뒤에 백합 한개를 덧붙여 경치의 폭을 고려하여 원근감을 나타내고 있다.

5월의 싱그러움과 함께

화재 꽃창포
화기 발이 달린 변형 수반
양식 성화

 꽃창포는 붓꽃, 제비붓꽃과 같은 붓꽃과의 꽃인데 키가 크게 뻗는 줄기, 날카로운 잎, 그와 대조적으로 요염한 꽃을 피우는 꽃의 모습은 5월이라는 계절, 그 자체의 싱그러움이다. 단오날의 꽃, 지금도 어린이날 꽃으로써 그 남자다움이 옛부터 칭찬되어져 왔다. 여기에서는 그 꽃창포를 개화, 중개, 봉오리라는 식으로 각각 시기의 아름다움을 모아 장단을 보이면서 한병에 모았다.
 잎은 생화풍으로 조합하여 산뜻한 격조를 내었다. 또 잎을 꽃 보다도 낮게 꽂아 출생의 특징을 나타내고 있다.
 화기가 두개의 부분으로 나누어진 발이 많은 수반이므로 꽃창포는 2그루로 나누어 사이에 공간을 갖고 꽃이 모두 서로 경쟁하는 듯한 기세를 나타내도록 했다. 꽃창포와 화기의 싱싱한 조화, 동시에 수직선과 수평선의 조합이라는 형으로 구도적으로도 재미있는 효과를 나타내는 것이다.

엉겅퀴

화재 엉겅퀴, 개나리
화기 성기게 짠 바구니
양식 투입화

우리들의 선조는 사계의 움직임, 계절감을 무엇보다도 중시하여 그 자연풍토 안에서 뛰어난 예술을 만들어냈다. 꽃꽂이도 그 중 하나이다.

어떤 이는 '꽃꽂이는 들에 있는 듯이'라고 꽃꽂이의 핵심을 말하고 있는데 그 자연과 가장 깊은 관계를, 야성적인 취미를 이르는 것이다. 그것은 자연이 현대 문명에 파괴되어 우리들로부터 급속히 멀어져 가기 때문이다.

이런 현실이야말로 자연을 구하는 인간들의 목소리가 드높아지게 하는 이유인 것이다. 들판의 향기를 내뿜는 엉겅퀴를 주체로 개나리를 상하 2단으로 넣어 들판에 불고 있는 바람을 느낄 수 있도록 한 것이다. 바구니가 한층 풍취를 자아내고 있다.

휘청거리는 이삭을 강조하여

화재 조, 수염 패랭이꽃
화기 배형 변형 화기
양식 성화

결실의 계절 가을에 어울리는 화재의 하나에 조가 있다.

가늘고 곧게 뻗은 줄기와 무거운 열매를 달아 머리를 숙이고 있는 이삭은 아주 소박하여 어딘가 전원 풍경을 연상시킨다.

그 조의 이삭을 10개 정도 모아 줄기를 높이 위로 한뭉치가 되도록 사용해 보았다. 그 상부의 조와 대비시키듯이 화기의 입구에 낮게 홍백색의 수염 패랭이꽃을 배치했다. 밑을 정리한 것이다. 조의 이삭은 사방으로 뻗어 움직임과 변화를 나타내고, 수염 패랭이꽃은 홍백의 꽃을 좌우로 나누어 사용하여 색의 신선함을 강조한다.

이 상하의 배치를 조의 꼿꼿한 줄기로 연결시켜 현대화다운 개성을 주장해 본 것이다.

유현(幽玄)한 아름다움을

화재   연꽃, 라일락
화기   변형 화기
양식   투입화

연꽃은 또 다른 이름으로 천녀화, 옥수(玉水)라고도 불리운다.

희고 여유있는 꽃은 자못 깊은 산을 연상시키는 듯한 유현한 멋을 띠고 있다. 꽃의 역사는 오래되었다. 현재도 초여름의 다화로써 그 청량한 모습이 사랑받고 있다.

그 연꽃과 가지에 조화되도록 화기 선택에도 마음을 써야 한다. 여기에서는 대용석을 쌓은 듯한 변형 화기를 사용했다. 소프트한 색조와 둥근 맛이 있는 각이 얼핏 보면 딱딱한 모양으로 보인다.

특징 있는 큰 잎사귀 한장의 표정을 살피면서 녹색 잎사귀 속에 그 개화와 봉오리를 희게 띄우고 있다. 뒤쪽에는 보라색 라일락을 이용하여 연꽃과 조화를 이루도록 해서 초여름을 장식하기에 어울리는 청량한 한병으로 마무리했다.

1. 현대꽃의 미 61

색의 뉘앙스를 살린다

화재 수국
화기 원형 수반
양식 성화

자양화의 8개의 잎이 핀 꽃은 이미 옛부터 좋은 평을 받고 있었다. 백에서 청자 그리고 적자로 색을 바꾸어가는 꽃색의 자유로움이 시대를 넘어서 아름다움을 자랑하고 있다. 꽃의 미는 결코 짧은 것이 아니고 영원한 것이라는 것을 가르치고 있다.

수국이 7색으로 변하는 것은 장마 때 습도와 공기 중의 오존 관계에 의한다는 과학적인 근거도 있지만 꽃에는 입으로는 해명할 수 없는 이상함을 남겨 두는 편이 여정이 있다.

계절의 기미를 잡아

화재 제비붓꽃, 수련
화기 원형 수반
양식 성화

제비붓꽃은 우아한 용자를 갖추고 있다.

꽃꽂이에 제비붓꽃은 옛날부터 이용되어 잎과 함께 혹은 꽃의 고저로 변화를 주는 등 계절에 따른 사계 각각의 미묘한 변화가 꽃꽂이로 꽂혀졌다. 여기에서는 그런 형식에서 벗어나 수면에 자란 모습 그대로 표현해 보았다.

비 개인 날

화재 위령선, 용수초, 수국
화기 변형 화기
양식 성화

　비가 갠 날 보는 엷은 보라색의 위령선에는 무어라 형언할 수 없는 기품있는 아름다움이 있다. 그러나 그 꽃의 우아한 모습에 비해 그 덩굴은 철사와 같이 딱딱하기 때문에 철선이라는 이름이 붙여져 있다. 비슷한 꽃으로 풍차가 있다. 모두가 덩굴성이므로 줄기를 다른 식물에 엮으면서 뻗어간다. 꽃색은 보라색의 엷은 것, 흰것 등을 많이 볼 수 있는데 여기에서는 흰꽃을 사용하여 그 특성을 용수초의 도움을 받아 살려 보았다. 다섯개의 용수초를 높이를 같게 병렬시키고 그 전후에 위령선 2개를 사용했다. 위령선, 용수초의 뻗은 선에 대해 수국을 대비시켜 아래에 안정감을 연출한다. 수국은 앞쪽의 꽃 한 개밖에 보이지 않지만 뒤쪽에 낮게 또 한개를 꽂아 입체감과 깊이를 나타내는 방법을 쓰고 있다.
　변형 화기의 심홍색이 화자에 잘 어울려 모던한 효과를 나타내고 있다.

1. 현대꽃의 미 65

그 의장미를 살린다

화재 수련, 부들
화기 원형 수반
양식 성화

 물속에 살며 꽃을 피우는 수련은 연꽃, 하골 등과 함께 꽃꽂이에서는 물과 함께 다루어지고 있다. 물은 여름의 시원한 정취를 나타내는 화재로서 없어서는 안될 것이므로 그 자연의 출생에 겹치는 방법을 쓰고 있다.
 수련은 오후 2시 무렵에 개화함으로 별명으로 2시간이라고 불리우고 있다. 최근에는 연못이나 늪이 적어져 수련 등도 그다지 많이 볼 수는 없지만 수면에 흰색이나 엷은 홍색의 빛을 띄우고 있는 모습은 아름다운 여름의 풍물시라고 할 수 있다.
 그런 정경을 떠올리면서 큰 원형 수반에 수련과 부들을 조합해 보았다. 수련은 출생을 살려 개화를 낮게 띄우고 봉오리는 약간 높게, 권엽은 세우고 또 잎사귀의 대소 변화로 수면을 정리한다.
 같은 수중성 식물로써 부들을 수련의 배경으로서 높이 꽂는데 잎을 도중에서 꺾어 바람의 시원함을 느낄 수 있게 나타냈다.

큰 잎에 이슬을 담아

화재 나팔꽃
화기 거는 화기(반달)
양식 투입법

양화가 자연 속에서 늠름하게 자라는 것에 비해 우리의 꽃 중에서 연약한 생명으로 사라져 가는 것이 몇가지 있다. 나팔꽃은 그와 같은 덧없는 꽃의 대표적인 것으로 저녁에 피어 낮에는 지는, 그야말로 아침에만 얼굴을 볼 수 있는 꽃이다.

이 나팔꽃을 조금이라도 오래 보기 위해서 옛날 사람들은 실을 봉오리에 감아 적당한 시간에 이것을 당겨 꽃을 열기도 하고 어두운 곳에 필요한 때 피게 하기도 했다. 이것이 하나의 생활의 지혜이다.

1. 현대꽃의 미 69

우리의 정서로 피는 양화

화재 코스모스
화기 손잡이가 달린 바구니
양식 성화

코스모스는 흰색, 담홍색, 진홍색 등의 꽃이 들판에 흐드러지게 피는 매우 아름다운 꽃이다. 부드러운 줄기, 섬세한 잎, 약한 바람에도 흔들거리는 모습은 가련하다.

물과 놀듯이

　　화재　하골(河骨), 수련
　　화기　장방형 수반
　　양식　성화

　하골은 수련이랑 연꽃 보다 꽃이 작은, 가련한 맛이 있는 수중꽃이다. 시원함을 부르는 화재인데 물 빨아들임이 나빠 경원시되는 경향이 있어

1. 현대꽃의 미 71

요즘에는 잘 볼 수 없다. 그런 만큼 이 꽃을 만나는 것이 더욱 신선하다.
 장방형의 큰 수반에 물을 듬뿍 담아 이것을 수면에 만들고 하골의 싱싱한 무리를 자유로이 구성했다. 한쪽에 흰 수련을 띄워 수면의 여백을 채색하고 있다. 전통 생화의 약속에 얽매이지 않고 하골의 개성을 강조하여 시원함을 충분히 만끽했다.

난의 긴 잎을 첨가하여

화재   도라지, 난, 여랑화
화기   화병
양식   투입화

도라지, 난, 여랑화라는 가을의 꽃만을 가지고 투입화했다. 도라지는 초가을 아침에 꽃을 피운다. 난은 담홍색의 꽃을 피우는 기품있는 꽃인데, 꽃꽂이에서는 이 꽃이 피는 봄과 고실(枯實)의 재미있는 시기의 화재로써 자주 이용한다. 도라지가 피는 이 초가을의 시기에는 이미 꽃도 끝나고 푸른 열매를 맺고 있다.

야성의 매력을 이끌어낸다

화재　용담초, 수국의 잎, 소국
화기　변형 화기
양식　성화

용담초도 도라지와 나란히 가을의 명화이다. 색도 마찬가지로 청자색을 주체로 하고 있는데 도라지가 우미한 기품을 특징으로 하고 있는 것에 비해 용담초은 야성적인 맛에 특색이 있다. 같은 추초라도 도라지는 여성적이고 용담초은 남성적이라고 해도 좋을 것이다.

이 용담초은 물가에 가까이 하여 사용하는 재료로써 옛날부터 꽃꽂이에 쓰이고 있었는데 여기에서는 그 야성미를 주제로 하여 살려 보았다.

좌우에 팔이 긴 샤프한 감상의 변형.

싱싱하게 신선하게

화재 하원 패랭이꽃, 미리오그라타스, 도라지
화기 변형화기
양식 성화

희고 둥근 맛이 있는 화기 가득히 꽂은 미리오그라타스의 녹색 사이에 하원 패랭이꽃을 점점히 보이게 하여 우미하고 싱싱한 감정을 표현했다. 패랭이꽃은 녹색 안에만 있는 것이 아니고 오른쪽에도 흘러 풍정을 보이고 중앙의 정적인 덩어리에 대해 움직임을 보였다.

도라지를 2개 미리오그라타스 오른쪽 아래에 얼굴을 내밀듯이 꽂아 액센트를 주었다. 비가 온 뒤를 연상시키는 듯한 신선함을 보이며 마무리했다.

요염함을 띠운다

화재 부용초
화기 바구니
양식 투입화

　꽃잎이 두껍고 원색의 요염한 서양의 꽃에 비해 부용초의 아름다움은 동양의 신비한 가인을 떠오르게 한다.
　가인박명이라고 말하듯이 이 꽃도 아침에 피어 저녁에는 져 버리는 덧없는 꽃이다.
　같은 아욱과에 속하는 것으로 꽃 모양도 비슷한 목근이 있는데, 이 부용초의 요염함에는 미치지 못한다. 화색은 피었을 때는 흰색인데 서서히 홍색을 더해가는 특성을 가지고 있다.
　여기에서는 부용초 한 종류를 바구니에 피워 보았다. 꽃 2개를 바구니 안에 넣고 넓은 잎과 봉오리를 뒷쪽에 첨가하여 담홍색의 화색을 한층 돋보이게 한다. 꽃과 잎과 바구니가 잘 어우러져 아름다움을 만들고 있다.

덩굴에 자유로움을 가지게 한다

화재 노박덩굴(까치밥), 도라지
화기 변형 화병
양식 투입화

덩굴이 특징인 화재를 교차시켜 서로 엮어 그 자유성을 충분히 살린 투입화이다.

노박덩굴을 목이 긴 화병에서 아래로 늘어뜨려 구성했는데 이와 같이 목이 긴 화병인 경우는 일반적으로 아래로 움직이는 가지를 사용하여 하부의 공간을 아름답게 정리하고 중심이 높아지지 않도록 주의한다.

탈색 화재와 대비시켜

화재 색비름, 탈색 비초
화기 변형 화병
양식 투입화

색비름은 가을이 깊어지는 것과 함께 그 잎이 노란색에서 빨간색으로 물이 든다. 타오르는 듯 물드는 그 잎의 선열함은 홍엽과는 또 다른 정취로 깊은 가을을 상징한다.

신선함을 만든다

화재　국화, 소나무
화기　배형 컴포트
양식　성화

　국화는 옛날부터 중량절에 사용하는 꽃이라고 일컬어져 왔다. 국화는 잎에 따라 대륜국, 중륜국, 소국의 구별이 있고 종류도 풍부하다. 가을을 대표하는 초화인데 최근에는 온실 재배가 성하여 사계절 내내 볼 수 있게 되었다. 하지만 대륜국의 좋은 것은 역시 7월 이후에 핀 것이 제일이다.
　그 가을 국화의 대륜홍백을 사용하여 흑송의 가지를 더하여 꽃을 한층 눈에 띄게 한 구도이다.
　잔 모양의 화기에 심홍색의 국화 4개를 짧게 겹치고 그 공간에 백국을 점재시켜 입체적인 구성을 했다.

1. 현대꽃의 미 79

유동하는 선과 열매

화재   노박덩굴(까치밥), 폭스훼이스(Fox face), 칼라(Calla)
화기   각형 화기
양식   성화

노박덩굴의 열매가 노란색의 껍질을 깨고 주적색의 아름다운 모습을 보일 무렵 가을은 한층 깊어진다. 이 노박덩굴과 들장미등은 덩굴이 있으므로 보통은 늘어지는 덩굴의 표정을 살려 이용하는데 이 작품에서는 덩굴의 선단을 잘라내고 열매에 주안을 두었다. 조합은 폭스훼이스와 칼라, 작은 모양의 사각의 화기를 2개로 조합하여 하나로 구성했다.

폭스훼이스의 유모러스한 모습과 노박덩굴의 유동적인 선을 2개의 화기로 연결했다. 흰 칼라로 노박덩굴의 아래를 명확하게 마무리하면서 산뜻한 색조로 정리했다.

2. 꽃꽂이 구성에 관한 6가지 항목

미와 마음

　꽃꽂이는 자연의 초목을 병 위로 옮겨 거기에 자연과는 다른 아름다움을 만들어 내는 조형이다. 아름다운 꽃을 한 종류 꽂기도 하고 두 종류 또는 세 종류의 화재를 조화시키는 등 자연의 아름다운 초목을 더욱 아름답게 보이도록 하는 것이므로 꽃꽂이의 목적은 무엇보다도 아름다움을 만드는 것이라고 할 수 있을 것이다. 그 아름다움으로 방 등의 환경을 장식하고 그 아름다움으로 사람의 마음을 정화시키는 것이다.
　하지만 아름다움만이 목적이라면 자연의 초목을 재료로 사용하지 않아도 되는 것이다. 다른 소재를 자유로이 구사하여 미를 추구하면 되기 때문이다. 꽃꽂이가 자연의 초목을 사용하여 모양을 만드는데는 그 목적이 미에 한정된 것이 아닌 이유이다.
　미만이 꽃꽂이의 목적이 아니라면 우리들은 꽃꽂이에서 무엇을 구하고 있는 것인가. 그것은 자연의 초목의 생명감을 접하고 그에 공감하는 것에 의해 산다는 것에 대한 기쁨·슬픔을 아는 것이다. 이렇게 쓰면 자못 교훈 같지만, 꽃을 꽂아 즐기거나 꽃을 보며 즐거워하는 행동 중에는 초목의 생명에 접하여 자연의 바람직한 상태, 산다는 것에 대한 의미 등을 자신도 모르는 사이에 생각하는 것이 숨겨져 있는 것이다.
　다 꽂은 꽃의 아름다움도 좋지만 옛날부터 꽃꽂이가 만들어지는 과정이 중요하다고 한 것은 실로 이 때문이라고 할 수 있을 것이다. 초목의 여러 가지 성격이랑 자연의 성격을 알고 거기에서 인생의 진실을 여러 가지 찾아내어 익힐 수 있는 것이다. 이와 같이 아름다운 모습을 즐기면서 동시에 여러 가지 인생의 지혜를 꽃꽂이를 하면서 터득할 수 있는 것이다. 이와 같은 미와 심(心)을 겸하는 것에 꽃꽂이의 큰 특징이 있다고 할 수 있을 것이다.

성화와 투입화

고전적인 양식의 것은 별도로 하고 꽃꽂이에는 성화와 투입화라는 양식의 구별이 있다.

성화라는 것은 입이 넓고 키가 작은 화기를 이용하여 화재를 겹치듯이 꽂는 것을 말한다. 투입화라는 것은 입구가 좁고 키가 큰 화기를 이용하

2. 꽃꽂이 구성에 관한 몇가지 항목

여 화재를 흘리던가 경사가 지게 하여 꽂는 것을 말한다.
　입구가 넓고 키가 작은 화기에는 수반, 화분, 컴포트 등이 있고 성화에는 그들에 침반을 사용하여 화재를 안정시킨다. 입구가 좁고 키가 큰 화기에는 화병, 항아리 등이 있고 투입화는 그에 나무 받침 등을 장치하기도 하고 화재에 받침목을 장치하기도 하여 화재를 안정시킨다.

재료를 쌓듯이 꽃꽂이하는 성화는 투입화 보다도 화재를 많이 사용하게 되고 자연 풍경의 일부를 연상시키듯이 꽃꽂이하기도 하고 자연의 정감을 나타내도록 꽂는다. 재료를 문자 그대로 흘리듯이 꽃꽂이하는 투입화는 성화 보다 재료를 적게 사용하여 자연의 풍정을 나타내도록 꽂는다.

이상이 성화와 투입화의 개략적인 개념인데 현대의 꽃꽂이는 이 두 가지를 기본으로 하여 전개되고 있으므로 우선 이 성화와 투입화의 개념과 구별을 분명히 알아두기 바란다.

또 이 성화, 투입화를 유파에 따라서는 총괄하여 자유화라고 부르고 있다. 고전 꽃꽂이의 정형성에 대한 자유로운 꽃이라는 의미로 명명된 것이다.

이 성화와 투입화는 모두 장단의 길이에 차이가 있는 3개의 가지를 주체로 해서 형성되는 것이 보통이다. 이것을 '기본 가지'라고 하는데, 유파에 따라서는 그 이름이 달라진다.

이것을 주지(主枝)로써 천, 인, 지라고 부르기도 하고, 이것을 진, 행, 유라고 부르기도 한다. 모두 긴 것에서부터 순서대로 부르고 있는 것으로 각각 종, 횡 깊이라는 입체를 만드는데 작용을 한다.

이 장, 중, 단의 기본 가지가 꽃꽂이의 골조를 만들고 약간의 보조적인 가지가 살을 붙여 화자를 만드는 것인데, 3개의 기본 가지 외에 2개 내지 3개의 가지를 기본 가지로써 취급, 그 위에 보조적인 가지를 쓰는 유파도 있다.

가장 중요한 긴 가지는 화기의 치수(깊이에 입구 직경을 가한 길이)의 1.5배나 2배 정도의 길이로 정해지는 것이 보통으로 다른 기본 가지나 보조적인 가지는 그것을 기준으로 하여 길이가 정해진다.

기본화형

꽃꽂이는 가장 중요한 가지가 어떻게 사용되고 있는가에 따라 꽃의 전체 모양이 결정되는 것이다. 이 중심이 되는 가장 긴 기본 가지가 공간에 작용하는 상태에 따라 꽃의 모양은 3개나 4개의 전형으로 3분하여 다룰 수 있다. 이것이 기본화형의 개념으로 이 가지가 서 있는 것을 입체

(태)라거나 직립체라고 부르고 경사져 있는 것을 경사체(태)라고 부른다. 마찬가지로 옆에 작용하는 경우를 횡체라거나 수평체라거나 횡와태라고 부른다. 또 아래쪽에 늘어져 있는 경우를 하수체 또는 현안태(懸岸態)라고 부른다. 수면에 낮게 구성하는 평면체나 사방에서 볼 수 있는 사방정면태를 기본 화형에 넣는 경우도 있다.

이와 같이 꽃꽂이는 중심이 되는 가장 긴 가지의 상태, 즉 경사지는 각도나 방향의 차이에 따라 3가지나 4가지의 전형으로 분류되고 이것을 기준으로 하여 여러 가지로 전개되는 것이다. 그것은 화재인 자연 초목의 출생이나 그것 자체의 개성이나 특징에 따라 천차만별이며 또는 장식하는 장소의 상황이나 만드는 의도 등에 따라 변화하기도 한다. 이와 같이 변화하는 화자를 기본 화형에 대해 응용화형이라거나 변화 화형이라고 부르고 있으나 꽃꽂이는 자연 초목의 출생을 살려가는 것이 기본이므로 천차만별의 꽃꽂이, 즉 응용이나 변화의 화형쪽이 원래이고 거기에서 귀납하여 어떤 이상적인 형을 상정한 것이 기본 화형이라고도 생각할 수 있는 것이다.

성화와 투입화의 구별에 이어 중요한 것이 이 기본 가지와 기본 화형의 인식이므로 그들의 진정한 의미를 잘 이해하고 납득한 다음 여러 가지 꽃꽂이의 전개에 대응시켜 가기 바란다.

자연과 의장

꽃꽂이의 재료가 되는 자연 초목은 크게 분류하여 한국적인 것과 양화로 나눌 수 있다. 한국적인 화재를 사용한 때는 정취가 있는 정서적인 꽃꽂이의 표정이 되고 양화를 화재로 하여 사용한 때는 색채 감각이 풍부한 장식적인 명쾌한 표정의 꽃꽂이가 되는 경향이 있다. 물론 작품 의도나 취급방법에 따라 반대가 되는 경우도 있으므로 일괄적으로 말할 수는 없다. 또 양자를 조합하여 절충적인 표정의 꽃으로 만드는 경우도 당연히 있다.

하지만 한국적인 화재를 주체로 하여 자연에 있는 초목과 같은 풍경의 꽃꽂이와 양화 등 새로운 화재를 주재로 하여 색채적인 감각이랑 의장적인 감각의 꽃꽂이 두가지의 큰 경향으로 분류하여 생각할 수 있다. 전자를 자연조라거나 자연 본위라고 하고 후자를 조형조라거나 의장 본위의

꽃꽂이라고 부르고 있다. 물론 유파에 따라 말도 달라지는데 이것이 현대에 있어서 일반적인 경향이라고 할 수 있을 것 같다.

이 자연다움을 주로 한 작품과 의장성을 주로 한 작품의 양자를 화형적으로 생각해 보면 전자는 기본 화형이나 그 응용화형, 변화 화태라고 생각할 수 있고 후자는 현대적이고 자유로운 화형이라고 이해할 수 있다. 이와 같이 꽃꽂이의 표정에는 '자연'과 '의장'이라는 두 가지의 경향이 있으므로 화재의 특징을 잘 파악하고 의도를 확실히 하여야 할 필요가 있다.

모던한 환경이 늘어나는 등 장식하는 장소도 다양하게 변화되고 있으므로 각각에 조화되는 꽃꽂이를 장식하도록 한다. 단 한국적인 환경이라고 해서 자연스러운 꽃만을 찾는 것은 아니고 양풍스러운 장소라고 해서 의장적인 꽃만이 조화되는 것은 아니다. 한국, 서양 모두 개개의 장소에 개개의 꽃을 조화시켜가는 사고방식이 중요하다.

조합과 선, 면, 마세

전술한 바와 같이 장단에 변화가 있는 기본 가지를 그 화재의 특징에 따라 구사하고 보조적인 화재를 사용하여 모양을 정비하는 것인데, 이

2. 꽃꽂이 구성에 관한 몇가지 항목   87

때 그들의 화재가 조합이 잘 되어 조화되지 못하면 꽃꽂이로서의 아름다움을 발휘하지 못하는 것이다. 조합이 잘 되어 조화될 때야말로 비로서 그 모양은 꽃꽂이로써의 아름다움을 나타내는 것이다.

그 조화와 균형을 만들어내기 위해서는 화재에 '장단', '대소', '굵고 가늘', '고저' 등의 변화를 붙여 또는 그것을 '성김과 빽빽함', '단단함과 부드러움', '강약', '두꺼움과 얇음', '떨어뜨림과 맞춤' 등의 대조로 다룬다. 단 '방형과 원형', '굽은 것과 곧은 것' 등의 대비로 모양이나 형을 만든다. 이와 같은 변화나 대조를 보이는 꽃을 구성하면 거기에 균형이 잘 이루어진 조화가 싱싱하게 표현된다.

새로운 꽃을 구성하는 요소로써 선, 면, 마세(덩어리)라는 것이 형성되는 것인데 그들도 여기에 든 대조적인 모양이나 취급 방법 등을 추상화하여 새로운 단어로 서술한 것이다. 단 '선과 덩어리'라는 식으로 사용하면 '떨어뜨림과 맞춤'이나 '성김과 **빽빽함**'에 비해 왠지 모던하게 들린다. '면과 덩어리'라는 것도 '가볍과 무거움'이나 '두꺼움과 얇음'에 비해 마찬가지의 느낌을 준다. 사실 작품이 된 경우도 전자는 무던한 디자인이고, 후자는 고풍스럽고 정서적인 것이다. 모던한 감각의 꽃에 대해 선·면·덩어리의 용어가 사용되게 된 것이므로 이것도 당연하다면 당연한 것이라고 할 수 있다. 하지만 그 본질을 이루는 내용은 양자 동일한 것으로 용어의 오래된 새로운 것과는 상관이 없다. 새로운 용어를 사용한다고 해서 꽃의 내용이 새로워지는 것도 아니고 오래된 용어를 사용했다고 해서 꽃의 내용이 오래되는 것도 아니다.

표현 연구

꽃꽂이의 표현도 가령 자연다움과 의장성 2가지로 나누어 생각하면 거기에 공통되어 재미, 아름다움, 감명 등이 만들어지고 여러 가지 표현을 연구할 수 있다.

리듬, 유동감, 양감, 초점, 액센트, 신메트리, 파조 등인데 그들이 효과적으로 작용하게 하는 기술을 익혀 그를 자유로이 구사해야 한다.

리듬은 옛날에는 '율'이라고 불렀는데 어떤 꽃꽂이든 리듬이 없으면 아름다움도 형성되지 않고 그 감명도 전해지지 않는다. 유동감은 옛날에는 '곡'이라고 했었는데 현대에는 이 '곡'의 전개도 여러 가지로 나누어져 있다. 양감의 표현은 비교적 새로운 것인데 일찌기는 한 병의 부분적인 구성에 살려지고 있었다. 현대에서는 그에 의해 한 병 그 자체를 구성하는 것에 양감의 새로움이 있다고 할 수 있을 것이다.

초점은 중심이 되는 작용, 액센트는 강조하는 작용, 파조는 박자를

2. 꽃꽂이 구성에 관한 몇가지 항목

깨는 작용으로 전체의 조화나 통일로 연결되어 비로서 그 효과가 생기는 것이다.

신메트리도 옛날부터 꽃꽂이에 사용되어 온 균형법으로 좌우 상칭의 안정된 아름다움을 만들어낸다. 이 균형을 현대의 용어로는 밸런스라고 하는데 힘의 균형 없이는 어떤 것에도 아름다움은 존재하지 않는다. 7 대 3, 9대 1, 5대 5 등 여러 가지 균형 잡는 방법으로 생각할 수 있다.

콘트라이트라는 것은 대조, 대비라는 것으로 좌우 상하의 모양이랑 질이랑 색 등을 대상으로 하여 점점 아름다움을 서로 강조하는 것과 같은 총합적인 효과를 나타내는 것이다.

꽃꽂이는 이상과 같은 개개의 표현기술이랑 표현 효과를 통하여 종국적으로 생명감이 넘치는 싱싱한 아름다움을 표현해야 하는 것이다.

싸리비

화재 싸리, 색비름
화기 수통
양식 투입화

가을이 깊어지는 가을 산사.

그 정원을 앞에 한 한 구석에 투입화를 두어 풍정을 즐겨보았다. 그릇은 목재의 수통. 흐드러진 싸리에 타오르는 듯한 색비름을 조합한 것이다.

2. 꽃꽂이 구성에 관한 몇가지 항목

죽 림

화재 다알리아, 만수국
화기 바구니
양식 투입화

몸에 스미는 투명한 대나무의 푸르름이다. 푸르른 죽림은 여행자들의 마음을 사로잡는다.

여기에서는 그 죽림의 배경 안에 대나무로 짠 바구니를 이용한 꽃을 두어 보았다. 다알리아에 만수국을 더하여 아가씨가 들 듯한 정취를 즐기려 한 것이다.

정원 빛

화재 대나무, 국화
화기 발이 달린 각형 화기
양식 성화

환경을 떠나 꽃꽂이를 생각할 수는 없다고 말할 수 있을 것이다.

어느 장소에나 맞는다는 것은 합리적이기는 해도 가치가 높다고는 할 수 없다.

여기에서는 대나무의 밝은 녹색잎을 배경으로 흰 국화를 떨어뜨리는 듯한 무드로 점재시켜 바닥과 정원을 연결시키는 꽃으로 마무리했다.

뱃놀이

화재   참억새, 조롱나무, 맨드라미
화기   바구니
양식   투입화

계절 탓일까, 인적 없는 강가에 매어져 있는 배의 풍경은 자못 정서가 있다. 태울 사람을 잃은 애석함이라고 할까. 그런 심상을 참억새와 조롱나무, 맨드라미의 투입화로 나타내어 보았다. 배 끝에 바구니를 놓고 참억새와 붉은 잎을 가진 조롱나무를 강의 가을 바람에 흔들리도록 하였다.

2. 꽃꽂이 구성에 관한 몇가지 항목 95

하원(河原)의 가을

화재   조, 맨드라미 등
화기   손잡이가 달린 화기
양식   투입화

나무들을 투영하고 있는 조용한 강가에 조의 투입화를 조화시켜 보았다.

꽃꽂이는 산내의 환경에 조화시키는 것이 원칙이지만 환경에 조화시킨다는 시점을 강조하여 생각하면 옥외의 환경에도 꽃을 장식할 이유가 성립할런지도 모른다.

즉 실내 환경의 상징으로서 옥외 적당한 곳에 설정하는 것이다. 여기에서는 조의 늘어진 모습에 어울리는 강가를 선택하여 손잡이가 달린 꽃꽂이를 만들어 보았다.

달과 기러기

화재 조롱나무, 백국
화기 달
양식 투입화

강변을 향하여 뻗어 있는 소나무 가지에 달을 잡아놓은 취향이다.

꽃은 조롱나무와 백국, 소나무 가지도 그대로 꽃의 구성에 참가하고 있다.

멀리 다리를 배경으로 한 산 경치에 꽃의 색을 정비하여 갈매기가 건너는 정감을 나타냈다.

국화와 조롱나무의 한가지는 달 안에 있는 화자를 나타내고, 조롱나무의 다른 가지는 크게 흘려 경치의 크기에 대응시키고 있다. 달모양의 공간을 통하여 보이는 원경에 대해 근경으로 다루어 꽃의 구성을 생각했다.

물에 비친다

화재 조롱나무, 마취목의 잎, 노박덩굴, 황국
화기 변형 단지
양식 투입화

근대적인 건물과 크래식한 돌담이 큰 대조미를 이루고 그 사이에는 산을 투영하는 연못이 있다. 이 큰 환경에 대응시켜 투입화의 대작을 이 또한 물에 투영하듯 위치시킨 것이다.

2. 꽃꽂이 구성에 관한 몇가지 항목   99

꽃의 휴식

화재 몬스테라(Monstera), 장미
화기 항아리
양식 투입화

목조의 건물이 석조 건물로 변해온 현대에는 연못은 역시 변함없이 사계의 움직임을 수면에 투영시키고 있다.

그 연못을 에워싼 콘크리트 건물에 장미와 몬스테라의 꽃꽂이를 배치시켰다.

돌에 생각한다

화재 동백꽃 열매, 백옥 동백, 황국
화기 변형 화병
양식 투입법

옛날과 오늘이 잘 조화되어 있는 일각에 유적인 듯한 돌담이 있는 것이 멋있다. 돌담에 점재하는 소나무의 녹색이 물에 비쳐 경치를 한층 깊게 하고 있다.

인왕문

화재　참억새, 맨드라미
화기　항아리
양식　투입화

검게 우뚝 서 있는 인왕문 앞에 큰 항아리를 놓아 재단에 받쳐놓은 꽃처럼 인왕에 대해 추초의 부드러움을 대조시켰다. 꽃은 그야말로 정겹고 청정한 것이다. 그것을 마음에서 우러나와 불상에 바치는 것이라고 할 수 있다. 꽃꽂이의 원점에서라는 말을 자주 듣게 되는데 양식 보다는 요는 마음이 문제인 것이다. 능숙하게 꽂으려는 마음을 버리고 오로지 꽃의 아름다움을 삼가 기리려는 것에서 시작하면 길은 저절로 열리는 것이다.

2. 꽃꽂이 구성에 관한 몇가지 항목 103

꽃 두레박

화재 동백꽃 잎, 다알리아, 수국
화기 두레박
양식 투입화

  우물을 길어 올리는 두레박에 꽃을 조합하는 꽃꽂이를 선인들은 발상 했다. 두레박과 달, 배는 비교할 수 없는 미적 선택을 느끼게 하는 것이 다. 여기에서는 그 두레박의 꽃꽂이를 살리는 원점에서 실제의 우물 끝에 두레박을 놓고 꽃을 조합한 분위기를 만들었다. 화재는 동백꽃과 다알리 아와 수국. 돌과 푸른 이끼와 나무들의 초록을 배경으로 신선한 두레박 의 꽃이 다른 세계로 이끄는 취향이다.

납작한 돌을 깐 길

화재 고목, 등나무 덩굴, 멀꿀, 다알리아
양식 조형 양식

콘크리트 사이를 향해 납작한 돌을 깐 길이 정연히 늘어 놓여져 있다. 근대적인 아름다움을 보이는 기하학적인 구도 속에 고목을 주체로 한 조형조의 꽃꽂이를 만든 것이다.

고목에 의한 전체의 강력한 힘을 골조로 등나무 덩굴을 자유로이 엮어 멀꿀을 더하고 다알리아를 꽂아 생명의 숨길이 넘치도록 한다.

콘크리트랑 돌담이 가지는 경질감과 마른 고목의 질감이 비상하게 조화를 이루고 있다.

돌을 깐 길에 핀 인공화이다.

3. 초목의 미와 개성

꽃의 아름다움을 모아

　현대의 자유로운 꽃꽂이에서는 마세의 수법이라는 것이 자주 사용된다. 마세라는 것은 모으기, 집단, 대량이라는 의미로 꽃꽂이로서 마세 수법이라고 할 때는 꽃이랑 잎이랑 줄기를 많이 모아 사용하는 것을 가리키고, 그 덩어리가 만드는 집합된 아름다움이랑 힘의 명확함을 표현하려는 의도를 말한다.
　이 수법은 꽃의 잎이 작은 양화랑 잎이 작은 양풍의 식물 등에 사용하는 것이 가장 효과적이고, 어떤 의미에서는 이 양화를 화재로 다루는 것에 의해 비로서 성립된 수법이라고도 할 수 있는 것이다. 양화를 주체로 한 이 마세 수법이 면이랑 선의 사용법과 함께 꽃꽂이의 구성법을 일변시켰다는 것은 앞에서 이미 서술했다. 초목의 모습의 아름다움을 표현하는 꽃꽂이와 병행하여 이들 수법에 의한 디지인적인 표현이 실시되게 된 것이 그것이다.
　마세 수법은 이와 같이 양화와 함께 발전해 온 것인데, 종래의 꽃꽂이에서 전혀 쓰이지 않았던 수법은 아니다. 고전적인 양식의 꽃꽂이나 생화의 어떤 부분에도 그에 가까운 구성이 받아들여졌다. 그러나 그것이 전체의 구성 중 부분적인 집합이었던 것인데 비해 현대의 마세는 그 자체가 구성의 주체가 되어 있는 것이다. 이 점에서 표현하려 하고 있는 것이 양자가 전혀 다르고, 현대 마세의 새로운 의미 그 점에 있다고 생각하는 것이다.
　이와 같이 마세는 현대 꽃꽂이의 중요한 구성 요소가 되어 있는데 여기에서는 그 입장에서 '꽃의 아름다움을 모아' 현대 꽃꽂이를 여러 가지 각도에서 구성해 보았다.

칼라를 장단의 대비로 살린다

화재 칼라(Calla), 장미, 미리오그라타스
화기 변형 화병
양식 투입화

순백의 칼라, 진홍의 장미, 그에 녹색의 미리오그라타스를 조합한 작품이다. 중앙에 모은 칼라와 미리오그라타스에 대해 칼라의 풍만한 화경을 옆으로 흘려 마세와 선의 콘트라스트를 겨냥하고 있다.

수종류의 꽃을 조합하여 마세를 구성하는 경우 꽃의 개성을 살리면서 조화시키는 것이 중요하다. 특히 칼라 등은 보는 각도에 따라 그 아름다움이 달라지는 것이다. 짧은 것을 마세로 하는 경우에는 꽃의 방향을 바꾸어 각각에 표정을 주어 다루었다.

장미의 순백에 대한 붉은색으로 채색적인 효과를 생각하여 흩어 놓았다. 또 백의 미리오그라타스는 칼라의 마세에 깊이와 양감을 가지게 하기 위해서 뒤에 사용하고 있다.

에리카를 풍부한 마세로 취급한다

화재 에리카(Erica), 단발고사리, 후리지아(Freesia)
화기 화병
양식 투입화

에리카라는 이름으로 매우 모던한 나무를 생각하게 되는데, 진달래과의 화목으로 길이도 작고 작은 꽃을 피우고 있는 모습은 상냥한 노인의 맛을 느끼게 한다.

구색이 아름다운 초화동지

화재 후리지아, 스위트피(Sweet pea)
화기 손잡이가 달린 바구니
양식 투입화

아름다운 꽃을 많이 모아 화기에 꽂으면 상당히 화려해진다. 그러나 이것만으로는 꽃꽂이가 되지 않는다. 한그루 한그루의 꽃을 모양있게 정비하여 색이 다른 것이 있으면 배색이 좋아지도록 꽂는 사람의 지혜와 기술이 가해져야 한다.

봄이 되면 여러 가지 종류의 초화가 피므로 꽃을 만나는 경우가 많아진다. 여기에서는 흰색의 후리지아, 담홍색과 보라색의 스위트피를 산뜻한 바구니에 담아 보았다. 색채의 아름다움을 보이는 꽃이므로 너무 형의 변화에 얽매일 필요는 없다. 번잡한 구성보다도 산뜻하게 정리한 느낌 쪽이 귀여울 것이다.

한 종류의 아름다움을 강조한다

화재　태산목(Magrolia)
화기　수반
양식　성화

큰 수반에 물을 가득 붓고 태산목의 순백색의 흰 꽃 3송이만을 꽂아 초여름을 산뜻하게 꽂았다.

대부분의 꽃꽂이는 나무도 풀도 꽃도 한종류만을 꽂는 경우는 적지만 태산목과 같은 독특한 꽃은 이렇게 몇 개의 꽃을 모으면 고무와 같은 두꺼운 잎에 싸인 호화롭고 청아한 그 아름다움이 한층 강조되는 것이다.

꽃의 조합은 색이랑 모양이 비슷한 유사적인 것이 무난하지만 한 종류만으로도 개성이 강조된 기품있는 아름다움을 나타낼 수 있다.

마세 중에도 동감과 변화를

화재　자원, 삼나무
화기　변형 화병
양식　투입화

자원과 삼나무의 잎을 마세로 정리한 꽃꽂이이다. 자원의 엷은 보라색이 삼나무의 초록잎을 백으로 하여 한층 눈에 띄도록 다루었다.

이와 같이 작품을 마세에 형태로 정리하는 경우 주의해야 할 것은 움직임을 잃는 것이다.

4. 꽃꽂이의 주의점

잎의 아름다움을 강조한다

　꽃과 함께 잎의 아름다움을 살리는 것도 꽃꽂이의 큰 작용이다. 나무에 붙어 있는 새순, 푸른잎, 어린잎, 홍옆 등도 잎의 아름다움을 발휘하지만 그들은 줄기랑 가지의 흔들림과 함께 살아나는 것이지 단독으로 쓰이는 경우는 거의 없다.

　그와는 달리 순수하게 잎의 아름다움만으로 화재로 이용되는 경우가 있는데 개옥잠화, 털머위, 범부채, 자원, 팔손이, 만년청 등이 그것이다. 꽃창포, 제비붓꽃 등도 잎이 쓰이는 특수한 잎인 것이다. 또 비파나무, 떡갈나무 등도 큰 잎을 가지고 있다고 일컬어지고 있다. 이들 잎은 각각의 특징으로 꽃꽂이의 아름다움을 만드는 것이지만 앞에서 서술한 마세와 마찬가지로 전체의 모습에 있어서 그것은 어디까지나 부분적인 구성에 지나지 않는다.

　그런데 그 부분적인 구성에 있어서 잎에 의한 면의 효과가 현대의 꽃꽂이에서는 구성 그 자체의 주체로 변한 것이다. 그 인연은 열대산의 관엽식물을 화재로 한 것에서 시작된다. 관엽식물은 문자 그대로 잎의 아름다움만을 관상하는 것으로 종래의 잎이 꽃이랑 열매랑 줄기와 함께 상미(賞美) 되던 것과는 매우 다른 것이다. 카라쥬움, 몬스테라, 고무, 산스베리아 등이 관엽식물의 대표로 잎의 아름다움을 디자인적으로 구성하는 것이 특징이다. 면을 구성의 주체로 하는 이 수법은 재래의 잎에도 영향을 주어 그들을 모던하게 살리는 것도 실시되고 있다.

고무잎의 매끄러운 질감

화재　고무잎, 코스모스
화기　3개의 입구가 있는 변형 항아리
양식　투입화

현대의 꽃꽂이의 한가지 특징은 자연이 만드는 색의 꽃의 아름다움과 그 색의 변화를 즐기는 꽃꽂이에 있는데, 그 꽃의 아름다움을 살리기 위해서는 초록색 잎을 곁들이는 것도 한 방법이다.

얼룩 무늬를 살려

화재 얼룩 무늬가 있는 털머위, 리아트리스(Liatris)
화기 변형 화기
양식 성화

3장의 털머위에는 각각 흰 얼룩 무늬가 들어 있어 색의 변화를 보이고 있다. 한가지색인 경우는 잎면이 너무 넓어 단조로워져 버리므로 다른 색 꽃을 사용하여 변화시킨다.

이 작품은 얼룩 무늬가 재미있으므로 조합하는 꽃도 리아트리스로 리듬감을 내려 했다. 털머위는 그릇 앞에 걸치듯이 앞으로 기울이고 잎 방향에도 다소의 변화를 주어 움직임을 냈다.

잎과 꽃의 시원한 협조

화재 칼라디움(Caladium), 백합
화기 변형 수반
양식 성화

칼라디움은 토란과의 식물로 꽃은 작고 그다지 꽃꽂이에는 쓰이지 않고 있으나 잎의 흰 면에 녹색의 줄기가 달리고 있어서 시원한 느낌을 주는 관엽식물 중의 하나이다.

여기에서는 그 칼라디움의 잎을 2장, 잎의 움직임에 변화를 주어 조합하고 백합을 오른쪽에 덧붙여 양자를 시원하게 협조시켰다.

골짜기 건너기를 2개의 꽃병에 걸쳐

화재 파초잎, 다알리아
화기 변형 화기
양식 성화

바람에 흔들리는 엷은 녹색의 파초잎. 그를 2개의 화기에 걸친 작품이다.

파초잎은 엷은 녹색의 색과 함께 살이 얇은 잎이 부드러운 느낌을 준다. 하지만 이와 같이 조형적으로 몇 장을 조합하는 경우 너무 밀착시키면 그 풍정이 죽어버린다. 적당하게 장단을 붙여 잎과 잎 사이에 틈을 주면 가벼운 표현이 가능하다.

산세베리아를 전후에 두어

화재 산세베리아, 붉은 장미
화기 다리가 달린 긴 수반
양식 성화

잎의 양쪽에 노란색의 선이 있는 산세베리아를 수직으로 세우고 화기 입구에서 중간에 걸쳐 붉은색의 장미를 꽂은 성화이다.

둥근 잎의 모양과 톱니형의 재미

화재 껍질 벗긴 삼지닥나무, 몬스테라, 금어초(Srap dragon)
화기 화병
양식 투입화

입구가 높은 화병에 껍질 벗긴 삼지닥나무를 화병 오른쪽에 수직으로 세워 꽂아 구성의 기본으로 삼았다. 삼지닥나무는 위에서 아래를 향해 선이 흐르도록 다루었다.

팔손이 잎을 재미있게 사용한다

화재   잎(Fantisia), 수국
화기   화병
양식   투입화

빨강 투입화병 가득히 수국을 꽂고 한장의 팔손이 잎을 우산처럼 높이 꽂는 구성을 해 보았다. 빨간 화기, 담보라빛의 수국 및 녹색의 팔손이 잎 아래에서부터 위로 차례차례 보아지는 즐거움을 겨냥한 꽃꽂이이다. 색채적으로는 화기가 적색이기 때문에 무엇인가 사이키조의 느낌을 받을런지 모르지만 그 점을 생각해서 모양을 단정하게 마무리하여 기품을 유지하도록 신경을 쓰고 있다.

팔손이의 잎은 면의 소재로써 살리지만 이 경우에는 보통 평면적인 취급이 아니고 잎 겉을 뉘우듯이 하여 수평으로 다루어 깊이를 내려 하고 있다. 면과 마세에 의해 디자인한 꽃꽂이인데 팔손이를 축으로 3개의 요소가 명확하게 3분되어 대비되어 있는 것. 그 때문에 산뜻한 느낌이 강조되고 있는 것에 주의하기 바란다.

5. 꽃꽂이의 아름다움

화경의 직선과 곡선

　꽃꽂이는 자연의 초목의 출생을 살려 그 생명감을 표현한 것을 기본으로 하고 있다. 따라서 꽃의 모양은 초목 전체의 모습을 기본으로 한 선에 의해 만들어지는 것이 이제까지의 원칙이었다. 나무에는 가지가있고 잎이 있고 꽃이 있고 전체가 선에 의해 구성되어 있고, 초화도 줄기가 있고 잎이 있고 꽃이 있고 마찬가지로 전체의 모습이 선으로 되어있듯이 화재도 전체의 모습을 생각하는 것이 기본으로 되어 있다.

　그런데 양화랑 관엽식물을 화재로 하여 현대적인 사고방식으로 꽃을 구성하려면 화재를 전체적인 모습으로 다룰 뿐 아니라 부분적인 아름다움도 보아 그들을 조형의 요소로 삼아야 한다. 부분의 아름다움을 강조하는 사고방식에 기반을 두고 있는 것이다.

　선에 대해서도 마찬가지로 말을 할 수 있다. 단 이 선은 초목 전체의 모습이 만드는 선이 아니고 화재의 여러 가지 부분에서 발견된 추상적인 선으로써의 아름다움인 것이다. 따라서 이 선은 마세나 면과 함께 현대의 꽃을 조형하는 중요한 구성 요소가 되어 있다.

　선에는 여러 가지 성질이 있다. 마세나 면과 원하는 운동감이 그 안에 있는데 직선과 곡선으로 그 취향도 크게 달라진다. 직선이 날카로운 것에 비해 곡선은 부드럽고 따뜻한 특징이 있다. 직선도 곡선도 각각 그 자신이 여러 가지로 변화되고 사용방법에 따라서도 다양하게 전개된다. 여기에서는 이 새로운 선을 살려 꽃을 전개해 보았다.

용수초를 직선과 절선으로 나누어 사용

화재 용수초, 수국
화기 은수반
양식 성화

선과 마세의 꽃꽂이이다. 용수초의 선을 두 개의 그룹으로 나누고 그 한개의 3그루는 직선으로 다루어 상승시키고, 다른 3그루는 절선으로 예각을 만들었다. 2종류의 선에 의한 긴장감을 표현한 것이다. 이 선에 대한 마세로써 탐스러운 2개의 수국을 부드럽게 사용 몇개의 푸른 잎을 능숙하게 이용한다.

연밥의 풍정있는 직선

화재 연밥, 다알리아, 고무나무 잎
화기 변형 수반
양식 성화

청초한 꽃을 피우는 연꽃은 꽃뿐 만이 아니고 열매 때에도 꽃꽂이의 재료가 된다.

목을 길게 뺀 유모러스한 열매와 직선도 곡선도 아닌 풍정있는 줄기가 독특한 아름다움을 자아낸다.

그 열매의 움직임에 표정을 붙여 높이 다루고 열매 부분의 움직임과 줄기의 선의 아름다움이 조화되도록 구성한다. 이 연꽃의 줄기는 잘 정리하여 선과 선이 만들어내는 공간의 아름다움에도 충분히 마음을 쓴다.

윗쪽의 열매와 대비시켜 아래에 고무나무잎과 다알리아 잎을 마세시켜 꽂는다. 아래에는 어느 정도 볼륨이 있는 화재를 사용하여 윗쪽의 무게와 밸런스를 잡으면서 중앙부, 줄기 부분의 아름다움을 한층 두드러지게 하는 것이다.

속새를 마세와 면의 감각으로 취급한다

화재 속새, 아이리스(Iris)
화기 컴포트
양식 성화

아이리스의 아름다움은 가는 줄기의 정점에 꽃을 피우는 그 모양에 있으므로 보통은 줄기의 선을 살려 다루고 있다. 그러나 여기에서는 자연의 아이리스의 개념을 버리고 여남은 개 정도의 꽃만을 조금 종장의 마세로 하여 속새의 선과 조합했다.

속새는 짧은 선과 긴 선 2개의 마세로써 다루고 있다. 이와 같이 선을 많이 모아 마세로 사용할 수 있다.

용수초를 우산 모양으로 꺾어 구부려

화재 용수초, 아마릴리스(Knight star lily)
화기 수반과 병
양식 투입꽃과 성화의 조합

수반의 맨가운데에 화병을 세우고 2개의 화기를 조합한 꽃꽂이이다. 화병 밑에 호화롭게 피어있는 빨간 아마릴리스를 꽂는다. 칼산은 아마릴리스의 꽃잎으로 덮어지도록 주의한다.

용수초는 화병에 꽂고 모두 꺾어구부려 우산 모양으로 아래로 늘어뜨리는데 꺾는 법에 주의한다.

행이류(行李柳)의 가지를 고리로 만들어

화재 행이류, 국화
화기 변형 화기
양식 성화

식물의 형태 중에는 여러 가지가 있다. 나무가지와 같은 선적인 것, 나무잎과 같은 면적인 것, 나무 열대나 꽃이 모인 것과 같은 마세적인 것, 꽃의 봉오리나 작은꽃과 같은 점적인 것 등이다.

야자나무의 어린 순을 2개의 고리로 해서

화재 야자나무의 어린 순, 군자란, 등나무 덩굴
화기 변형 컴포트
양식 성화

아플 정도로 뾰족한 잎이 정연하게 늘어서 있는 야자수의 어린 순. 보기에도 샤프한 느낌의 화재이다. 여기에서는 잎 끝을 구부려 둥근 고리 모양으로 한 2개를 좌우 대칭으로 꽂아 새의 날개같은 느낌으로 구성했다.

좌우에 펼쳐지는 날카로운 직선과 잎줄기를 구부려 만든 눈과 같은 공간 연결.

석화류, 금잔화의 곡선을 옆으로 흘려

화재 석화류(石花柳), 금잔화, 여랑화, 맨드라미
화기 배 모양 화기
양식 성화

자연의 장난이 만들어낸 구부러진 재미. 그것이 석화류랑 석화류, 금잔화의 특징있는 맛이다. 힘있고 굵은 부분이 본래의 부드럽고 가는 곡선과 더할 나위 없는 대조미를 만들어 꽃꽂이로의 한없는 의욕을 자아낸다.

석화류, 금잔화는 중심 가지에서 작은 가지를 많이 분지(分枝)시키고 있다.

구부러진 재미를 살리기 위해서는 작은 가지는 어느 정도 정리하여 사용한다.

수양버들을 자유로운 고리로 만들어서

화재 수양버들, 튤울립, 유채꽃
화기 변형 화병
양식 투입화

자유로운 곡선으로 다루는 수양버들에 유채꽃과 튤울립을 색채감 풍부하게 조합한 작품이다. 버드나무는 늘어진 곡선에 특징이 있어 잎을 맺는 춘하 보다도 딱딱한 싹을 돋우는 가지의 아름다움이 눈에 띠는 겨울에서 초봄에 많이 쓰인다.

석화류의 유동미를 강조한다

화재 석화류, 카네이션, 단발고사리
화기 다리가 달린 변형 수반
양식 성화

버드나무가 대화(帶化) 현상을 일으켜 특이한 모양을 이루고 있는 것을 석화류라고 하는데 인공적이 아닌 자연의 장난이 생각지도 않은 재미랑 아름다운 가지의 변화를 보이는 것이다. 손을 가하지 않아도 재미있는 모양을 가지고 있는 것이 석화류라고 하는 것의 특징이다. 그러므로 그 재미를 잘 살린 것인데 이 화재를 다루는 포인트가 된다.

이 석화류의 구부러짐이 비교적 재미있으므로 평평하게 축과 가는 가지가 만드는 굵고 가는 것의 대비로 화자의 아름다움을 표현하기도 했다. 그들 선의 아름다움을 살리기 위해서 카네이션이랑 단발 고사리는 아래에 정리하여 낮게 사용하고 있다.

석화류의 가지의 선을 솔직하게 살려 유동감을 생생하게 표현한 성화이다.

6. 꽃꽂이의 요령

잎 자체를 변형시켜서

잎이랑 관엽식물이 면의 효과로 현대의 꽃을 구성한다는 것은 종종 이야기해 온 바와 같다. 면의 성질이랑 작용의 기본적인 것은 선의 운동감에 대한 정지감인데 잎이랑 관엽식물의 형은 실로 여러 가지여서 일괄적으로 정할 수는 없다. 예를 들면 고무랑 털머위와 같이 들쑥날쑥한 부분이 없고 모양이 둥근 것은 정지된 느낌을 주지만 팔손이랑 몬스테라와 같이 들쑥날쑥한 모양으로 다소 뾰족한 것은 정지감과 동시에 그 나름대로의 운동감을 준다. 들쑥날쑥하지 않아도 개옥잠화랑 복숭아와 같이 끝이 유동적으로 되어 있는 것도 그에 가까운 감각을 느낀다.

또 뉴사이랜이랑 상스베리아 등과 같이 잎이 가늘고 긴 것은 면이라도 선에 가까운 날카로움이랑 운동감을 느낄 수 있다. 또 소철이랑 페닉스와 같이 가는 선이 집합되어 면을 구성하는 것도 있고 그들은 면의 정지감과 동시에 선의 운동감도 느낄 수 있는 것이다.

이와 같이 잎이랑 관엽식물의 면에는 여러가지 형이 있어 그에 따른 성질을 갖추고 있다. 이들 모양은 물론 면의 아름다움이 기본을 이루는데 그 외에 질감이랑 색채가 가해져 그것이 총합되어 면의 아름다움을 구성하는 것이다. 꽃꽂이의 구성 요소로써 이 면을 사용할 때는 그 이점을 살리는 것인데 면이 가지고 있는 결점을 의식한 때는 손을 가하여 변형시켜 그 결점을 제외하고 사용할 수 있다. 디폴메의 수법인데 여기에서는 그것을 테마로 한다.

피닉스로 새의 이미지를

화재 스트렐(극락조화 Bird of parodise flower)리치아, 피닉스, 시넨시스
화기 유리 화병
양식 투입화

스트렐리치아는 극락조라고도 불리우듯이 화려한 극채색과 함께 새와 같은 모양으로 특징있는 화재이다. 이 스트렐리치아를 새 머리로, 부드러운 피닉스를 깃털로, 그리고 시넨시스를 가슴털로 하여 전체를 새의 이미지로 구성한 작품이다.

뉴사이랜의 잎 끝을 구부린다

화재 뉴사이랜, 소국
화기 다리가 세개 달린 변형 화기
양식 성화

뉴사이랜의 잎은 잎의 표면에 줄무늬가 달리고 있어 여름 등에 시원한 느낌을 준다. 이것이 이 화재의 특질로 되어있으므로 꽃꽂이할 때는 이 면을 정면으로 해서 다루는 것이 일반적이라고 할 수 있다.

이 작품의 경우에도 잎의 끝을 정면으로 향해 다루고 있듯이 단조로워 지지 않도록 잎 끝을 구부려 그 부분에 액센트를 주어 전체적으로 변화를 갖게 한다.

구부린 잎 끝은 그 표면에서 호치켓으로 고정시킨다. 이와 같이 잎 끝을 구부린 뉴사이랜을 잎의 방향과 대소에 변화를 주어 높고 낮게 구성한다.

그리고 화기의 입구에는 노란색 소국을 모아 꽂아 상부의 뉴사이랜과 화기와의 연대감을 기했다. 소국 한개를 앞으로 끌어내어 움직임을 보이고 있다.

팔손이 잎에 차분함을 갖게 하여

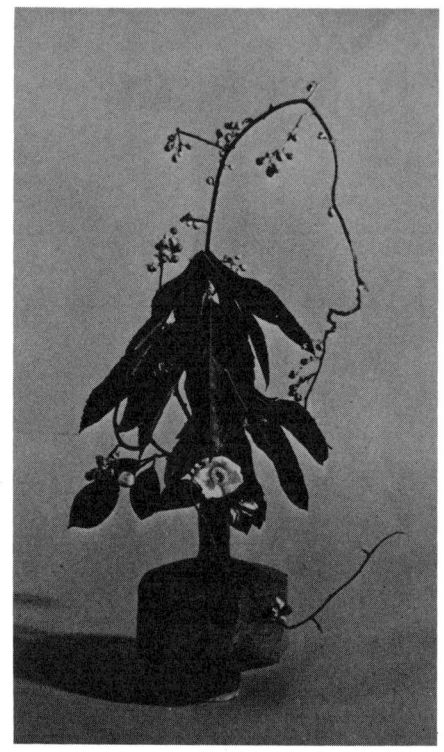

화재 팔손이, 노박덩굴(까치밥), 백옥동백
화기 입구가 가는 변형 화병
양식 투입화

크고 모양이 확실한 팔손이의 잎은 그대로 사용하면 자칫하면 평범한 사실적인 꽃이 되는 경향이 있다. 개성적인 재미를 표현하려면 아무래도 다소의 손질을 하여 대담한 사용법을 써야 한다. 여기에서는 팔손이의 잎이 붙어 있는 부분을 접어 꺾어 그것을 화기의 가늘고 긴 입구에 겹치듯이 씌워 사용했다. 우산을 쓴 듯한 풍정으로 재미를 자아내고 있다.

이에 대해 노박덩굴을 아래에서 위로, 위에서 아래로라는 식으로 움직임을 보이며 꽂아 팔손이의 멋에 대응시켰다.

백옥동백 한송이를 정면을 향해 꽂아 한 병의 초점이 되게 했다.

대왕풀의 끝 그믐달 모양으로 자른다

화재   대왕풀, 스토크(stock), 크로톤(croton)
화기   컴포트
양식   성화

  화재 그대로의 모습을 솔직하게 살려 꽂는 것도 꽃꽂이의 표현 방법이지만 자연의 화재에 디포밀한 기법을 사용하여 화재의 형태를 변형시켜 다루면 또 새로운 감동을 받는 경우가 있는 것이다.

  여기에서는 대왕풀의 잎을 완곡시켜 그 끝을 그믐달 모양으로 절단하여 순수한 화재에 날카로운 감각을 주어 사용한다. 이 대왕풀은 완곡시켜 볼록한 면을 앞으로, 들어간 면을 맞은편으로 향하여 겹치듯이 조밀하게 조합시켰다. 이 때 장단 전후의 변화를 붙여 입체감을 나타내도록 한다.

  아래에는 스토크의 꽃을 마세시켜 다루고 대왕풀의 양감과의 조화를 기했는데 스토크 사이에 크로톤의 잎을 끼워 상하의 단조로움에 변화를 주도록 연구하고 있다.

몬스테라의 균형을 깨고 사용한다

화재　몬스테라, 설유화(雪有花), 장미
화기　변형 화병
양식　투입화

몬스테라는 면의 넓음과 들숙날숙함의 깊이가 좋고 팔손이나무와 비슷한 재미가 있는 화재인데, 팔손이는 한국적인 느낌인데 비해 몬스테라는 문자 그대로 모던한 감각인 것에 그 특징이 있다. 비슷한 것 같아도 분위기는 전혀 다른 것이다.

몬스테라는 그대로도 충분히 효과를 발휘하지만 너무 넓은 면을 커트하여 사용하는 경우도 있다.

개옥잠화의 잎의 잎맥을 이용해서

화재 개옥잠화, 다알리아, 여랑화
화기 항아리
양식 투입화

개옥잠화는 큰 잎면과 정연하게 달리는 잎맥의 선이 아름다운 화재이다. 큰 면의 잎으로는 한국적인 팔손이랑 서양풍의 몬스테라가 있으나 개옥잠화에 비해 색이 짙고 잎의 모양이 개성적이기 때문에 어느 쪽인가 하면 강렬한 느낌을 준다.

개옥잠화의 잎에 해, 달의 구멍을 뚫어

화재　개옥잠화, 기간디움(Gigonteum)
화기　긴 항아리
양식　투입화

　개옥잠화의 큰 잎 2장에 5개의 기간디움을 꽂은 것이다. 개옥잠화는 잎맥이 매우 아름다운 화재이므로 그 면의 아름다움을 살린 것인데 이 화재를 몇개나 사용하면 무거운 느낌이 드는 경향이 있다. 그러므로 그 무거운 느낌을 없애기 위해서 다른 꽃은 잎 사이에 보이게 하기도 하고 잎면에 봉오리를 끼우기도 하여 가벼운 느낌과 액센트를 주도록 연구해 보았다.
　여기에서는 해, 달의 구멍을 뚫어 잎을 가볍게 보이도록 했는데 동시에 그 해, 달의 디자인이 화자의 구성의 일부로써 효과적으로 작용하도록 연구한 것이다.
　화재를 종이 세공처럼 자르는 것은 그다지 권장할 것은 못되지만 다소 손을 대는 것은 오히려 효과적인 경우가 있다.

7. 꽃꽂이의 다양화

이삭과 열매 그 자체의 미감

　가을은 결실의 계절로 봄 이후 싹을 내고 봉오리를 피우고 꽃을 피게 했던 초목이 아름다운 열매를 맺는다. 이삭이 되어 열매를 맺는 것, 큰 열매가 열리는 것, 작은 열매가 열리는 것 등 여러 가지인데 이들 열매도 꽃꽂이의 좋은 화재가 된다.
　열매 그 자체, 특히 식용으로 제공되는 열매는 일찌기 금화라고 해서 꽃꽂이에 이용되지 않았지만 현대에는 그런 제약이 없다. 그들의 특징을 살려 자유로이 꽃꽂이의 재료로 사용한다.
　이들 이삭이랑 열매에도 2가지 사용법이 있다. 줄기랑 가지랑 덩굴의 풍정 모두를 살리는 경우와 이삭이랑 열매를 줄기랑 가지랑 덩굴에서 떼어 그 자체를 강조해서 살리는 경우가 그것이다. 전자는 초목의 출생을 살리는 기본적인 사고방식에 근거를 둔 것으로 소위, 열매의 가을을 꽂는다 라는 풍정의 꽃꽂이다. 후자는 양화랑 관엽식물과 마찬가지로 그 자체의 모양이랑 질감이랑 색채에 포인트를 두는 것으로 부분의 아름다움이랑 집합된 효과를 구성 중에 살리는 꽃꽂이다.
　열매 그 자체는 원래 예를 들면 연꽃의 경우와 같이 봉오리랑 개화 모두 함께 꽂아 과거, 현재, 미래를 상징하듯 시간적인 경과를 한 병에 꽂아 표현하는데 이용된 것이다.
　대나무와 순의 관계도 마찬가지이지만 현대에는 이삭이랑 열매를 이와 같이 봉오리랑 꽃과의 관계에서 떼어 이삭 그 자체, 열매 그 자체의 아름다움을 순수하게 살리고 있다. 여기에서는 그 이삭이랑 열매를 종래의 자연조의 꽃꽂이법, 새로운 조형조의 꽃꽂이법을 택해 현대화로써 표현해 보았다.

두시(豆柿)의 가지를 흘린 자연의 풍정

화재 두시(원시), 백옥 동백
화기 화병
양식 투입화

소박하고 강한 가지와 귀여운 열매가 특징인 두시. 거기에 백옥 동백을 조합한 투입화이다. 사실적으로 극히 자연스럽게 양자를 조화시켰다.

대체로 투입화는 가지를 흘려 다루기도 하고 늘어뜨리기도 하면 한층 풍정이 나지만 여기에서도 두시의 강한 가지를 옆과 아래로 늘어뜨려 사용하고 입구 근처에 백옥 동백을 살려 두시의 옆과 아래의 움직임을 한점에 모았다.

상승하는 것과 하강하는 것

화재 팜파스 그라스(Pampas grass), 노박덩굴(까치밥), 밤
화기 구멍이 두 개인 화병
양식 투입화

장단의 2개의 입구가 있는 변형 화병을 이용한 의장적인 투입화이다. 짧은 쪽의 입구에서 팜파스 그라스를 똑바로 뻗어 서게 하고 긴 쪽의 입구에서는 노박덩굴을 풍정있게 하강시켜 강약의 대조를 구성한 것이다.

성격이 반대인 화재를 이와 같이 나란히 배치시키면 그 특징이 잘 발휘됨과 동시에 양자의 상호작용에 의해 다른 아름다움이 생기는 것이다.

또 팜파스 그라스의 전면에 밤의 열매를 점점히 배치하여 그 탐스러움으로 정리했다. 이 밤 열매는 팜파스 그라스와 노박덩굴 양자를 연결시키는 작용 도 하고 있다.

팜파스 그라스, 밤, 노박덩굴은 각각 개성이 다른 화재를 단순 명쾌하게 조화시킨 것이다.

노박덩굴을 사용한다

화재   노박덩굴(까치밥), 용담초
화기   화병
양식   투입화

덩굴의 곡선에 정취 있는 노박덩굴. 그 자유로운 덩굴의 움직임과 빨간 열매의 알알, 붉은 잎으로 물든 가을 산길을 연상시키는 화재이다.

그 섬세한 덩굴의 아름다움을 이용하기 위해 어느 쪽인가 하면 한개 한개를 흐르듯이 다루는 것이 보통인데, 여기에서는 마구잡이로 모아 꽂아 보았다.

리드미컬한 강아지풀의 줄기와 이삭

화재   강아지풀, 중국(中菊)
화기   컴포트
양식   성화

흰색과 갈색의 줄무늬가 들어 있는 컴포트풍의 꽃꽂이. 그 샤프한 감각에 맞추어 강아지풀과 중국을 부드럽게 조합해 보았다.

강아지풀은 좌우로 퍼지도록 자연스럽게 다룬다.

알알이 맺힌 열매를 옆으로 길게 꽂는다

화재 산귀래, 죽절초(=호랑가시나무)
화기 수반
양식 성화

열매에는 석류나무, 감, 밤 등 비교적 큰 것, 산귀래, 가시나무, 노박덩굴, 죽절초와 같이 작은 것도 있고, 꽃과 다른 풍정이 있는 맛이 꽃꽂이로의 의욕을 불러일으키고 있다.

그와 같은 열매 중에서 산귀래는 가시가 있는 분방한 가지, 굵고 굵직한 잎, 알알이 맺히는 열매 등으로 독특한 아름다움을 보이는 화재이다. 가지, 잎, 열매를 모두 살리는 경우도 있지만 가을이 깊어지면 잎이 떨어져 열매가 붉게 익음으로 가지와 열매만을 살리는 경우도 있다.

고추의 가지를 좌우로 나누어 꽂는다

화재 서양고추, 크로톤, 칼라
화기 화병
양식 투입화

열매라고 하면 한국적인 풍정을 가지는 화재가 많지만 고추는 동화에 나오는 난장이의 삼각 모자와 같은 모양이 사랑스럽고 싱싱한 감각의 화재이다.

광택이 있는 열매는 흰색, 보라색, 주홍색, 빨강 등 여러 종류의 색이 있고 색채적으로도 풍부하여 줄기가 휘어질 정도로 달려있는데 특징이 있다. 줄기가 딱딱하여 열매만을 마세로 다루는 것이 보통이지만 긴 듯한 가지에 주루루 열매가 달려 있는 것도 자연스러운 느낌을 맛볼 수 있다.

정과 동의 감각을 융합시켜

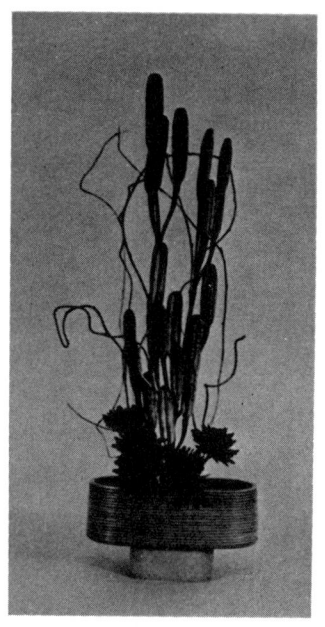

화재 고사 백합의 열매, 오동추, 국화
화기 다리가 달린 선평 화기
양식 성화

고사 백합의 열매 2개를 똑바로 세워 구성의 중심으로 한 작품이다. 이 열매만으로는 모양이 되지 않으므로 오동추를 그 줄기 아래에서 부터 붙이듯이 세우고 그 경쾌한 곡선으로 백합의 열매의 중후한 감각에 움직임을 주도록 했다. 고사 백합의 '정'과 오동추의 '동'을 하나로 융합시켜 다른 정감을 자아낸 것이다.

양자의 아래에 짙은 연지색의 중국 다섯 송이를 사용하여 전체를 정리한 것인데, 국화는 한송이 한송이 꽃의 방향, 높이, 방향을 바꾸어 변화를 주고 있다. 이 국화는 잎을 살리는 것도 중요한 포인트가 됨으로 약간의 잎이라도 요소를 정리할 수 있도록 살려야 한다.

여기에서도 물 옆에 힘있는 국화의 잎을 보이게 하여 그 녹색으로 한병을 마무리하려 하고 있다.

8. 화재의 새로움

나무와 오래된 덩굴에 의한 구성

　나무에는 깔끔한 나무, 이끼 낀 나무, 고목 등의 종류가 있고 총칭하여 '나무'라고 한다. 옛날부터 꽃꽂이에 이용되어 왔었는데 현대의 조형적인 꽃꽂이에도 고전과는 다른 의미로 그 구성력이 생겨 있다. 비바람에 씻긴 나무, 유목, 나무 뿌리 등도 있다.
　이 나무는 나무 자체 보다도 굵은 재료에 붙고 다른 화재처럼 가지랑 잎을 붙이지 않는다. 즉 생리적으로 죽어 있는 것이 그 특징으로 꽃꽂이의 구성에 살려지는 것이다. 하지만 식물이라는 시점에서 다른 꽃이랑 초목과 관계를 맺는 것이다.
　고전의 꽃꽂이에서는 나무를 과거의 상징으로 하고 현재를 의미하는 꽃과의 조합으로 거기에 시간이 표현된다고 생각할 수 있다. 현대에는 나무에 시간적인 의미를 보는 사람이 적어 단순히 그 조형력을 이용하는 것이 일반적이다. 하지만 사실로써 나무에는 생명력이 없고 꽃에는 생명이 있다. 양자를 조합하는 것으로써 꽃꽂이의 존재가 확립됨으로 세력의 시간의 경과를 표현할 수 있다. 나무를 화재로 이용할 때 이 시간이라는 정신면의 문제에도 뜻을 두고 싶은 것이다.
　등나무, 나팔꽃, 노박덩굴 등 소위 덩굴이라고 불리우는 화재는 별도로 하고 포도 덩굴, 등나무 덩굴 등과 같은 마르고 굵은 덩굴에도 고목과 비슷한 감각이 있다. 힘의 강도에 있어서는 고목에는 미치지 못하지만 풍부한 운동감을 나타내는 것이 그 특징이다. 가는 덩굴은 섬세한 운동감을 나타낸다.

나무의 개성과 재미를 살려

화재　나무, 탈색 방자, 기간디움(Gigonteum)
화기　변형 항아리
양식　투입화

자연의 장난이라고 할까, 나무의 뿌리랑 마디가 있는 고목의 가지에는 생각지 않은 놀라운 아름다움이 있는 것이다. 자연이 만들어내는 이 인공적이 아닌 모양의 재미에는 무엇인가 마음에 와닿는 것이 있다.

나무의 강렬함과 꽃의 밝음

화재 나무, 네오게리야트리카라, 삼지닥나무
화기 받침이 달린 반달 모양의 화기
양식 성화

비바람에 바랜나무에는 그 정막함만이 남아있는 듯한 느낌이 있고 또 기괴한 모양에는 흥미가 일어난다. 그런 만큼 화재로써의 성격이 강렬하여 조합시키는 것에도 깊은 고려가 필요하다.

고목에 꽃을 끼워 액센트를

화재 금송(Umbrella Pine), 다알리아
화기 화병
양식 조형 양식

고목에는 다이나믹한 역량감이 있어 새로운 꽃꽂이의 구성 소재랑 화전용 재료로써 없어서는 안될 것으로 되어 있다. 화재가 적은 겨울이랑 화재가 상하기 쉬운 여름 등 생화를 붙여 그 맛을 살리는 것도 상당히 중요한 것이다.

여기에서는 줄기의 살갗이 재미있는 금송의 고목을 입체적으로 조합했다. 고목을 조합하는 경우 전체에 양감이 있으므로 조합된 고목의 밑을 잘 마무리하는 것이 중요하다. 또 전체의 중심을 낮게 하면 움직임이 사라짐으로 주의해야 한다. 다알리아는 키가 큰 화기를 고목이 가리도록 하고 꽃만을 보이도록 하는 것에 액센트를 두었다.

세로로 구성한 고목을 중심으로

화재   고목, 노박덩굴(까치밥), 황로
화기   빈통
양식   조형 양식

　꽃꽂이에서는 재료로써 어떤 식물의 생명력을 유지하기 위해 화기에 물을 넣어 그것에 꽂는 것이 보통이지만 이 작품과 같이 중심에 모습이 재미있는 고목을 놓고 거기에 계절의 화재를 조합하는 경우가 있다. 통상의 꽃꽂이와는 또 다른 정취를 즐길 수 있다.
　고목은 위에서 아래로 흐르듯이 선으로 조합하고 그 오른쪽에는 색이 물든 여름 황로를 위로 향해 사용하고 왼쪽에는 알알이 달린 열매를 늘어뜨렸다. 여름 황로와 노박덩굴을 대조적으로 사용한 것이다.
　조합한 고목 사이로 작은 화기나 빈통 등이 보이지 않도록 고정시키고 그 안에 화재를 꽂듯이 하면 물을 빨아들이는 것도 가능하다.

덩굴을 힘있게 옆으로 걸친다

화재 덩굴, 장미
화기 두개의 입구를 가진 화기
양식 투입화

2개의 입구를 가진 변형 화기에 덩굴을 옆으로 감는 듯한 느낌으로 사용하고 그 공간에 빨간 장미를 점점히 배치한 작품이다.

금이 간 느낌의 덩굴에 신선하고 부드러운 장미를 대조시켜 싱싱한 분위기를 만든 것이다. 고목을 화재로 사용하면 자칫 강렬하고 무거운 느낌이 드는 경향이 있지만 이와 같이 굵은 덩굴을 잘 사용하면 무거운 느낌이 들지 않는 것이다.

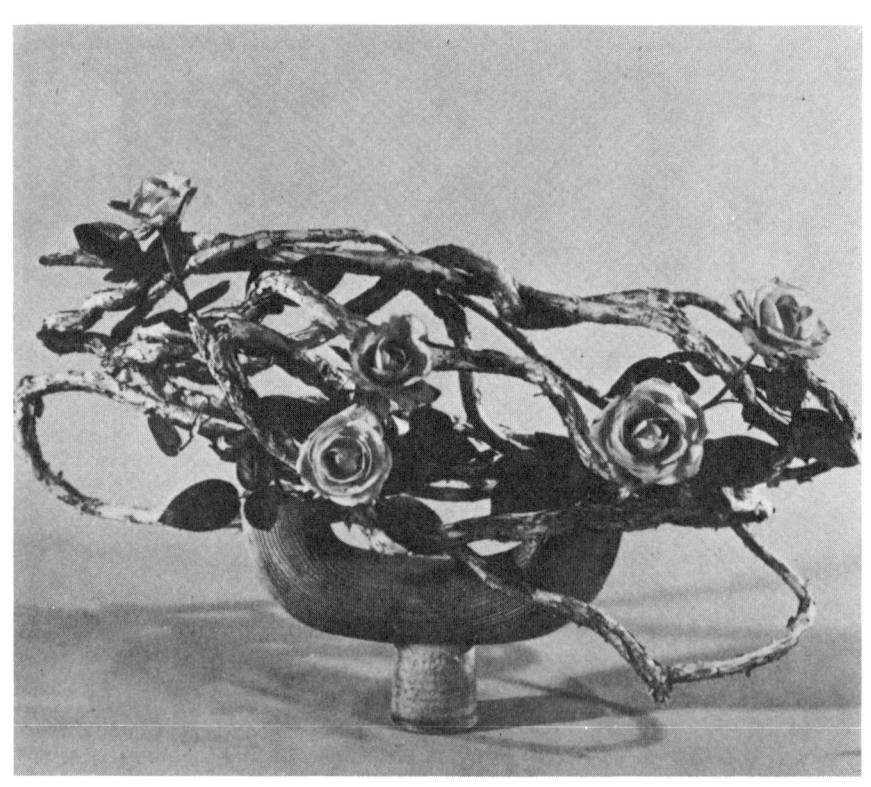

포도 덩굴의 곡선을 부드럽게

화재 포도 덩굴, 카네이션
화기 초벌 구이한 화병
양식 투입화

 포도 덩굴의 부드러운 곡선을 상하로 사용하여 리드미컬한 부정형의 호를 그리고 중앙에 카네이션을 사랑스럽게 모았다.
 포도의 덩굴은 부드러운 곡선을 그리고 덩굴 끝이랑 자른 부분이 보이지 않도록 부드러운 모양을 만든다. 이와 같이 대강 모양을 만든 것을 화기에 조합시켜 고정하고 필요한 손질을 가한다. 꽂은 다음에 화기에 덩굴을 구부리면 덩굴이 튕겨져 화기를 파손할 우려가 있으므로 주의하자.
 덩굴의 호가 세로의 모양이므로 카네이션도 세로의 마세로 하고 덩굴을 고정시키는 나뭇가지는 마세 뒤에 잘 감춘다.

덩굴의 소박한 맛과 양란

화재 덩굴, 미리오그라타스, 덴드로비움(Dendrobium)
화기 변형 화병
양식 투입화

위에서부터 아래까지 세로로 입구가 넓어져 있는 긴 병을 이용하여 덩굴의 소박한 맛을 살린 작품이다. 입구가 넓은 쪽, 왼쪽 경사 앞에 덩굴을 하수시켜 다루고 입구를 미리오그라타스의 마세로 정리했다. 미리오그라타스와 덩굴의 접점에서 덴드로비움을 덩굴에 붙여 꽂고 양자를 관련 지으면서 한 병에 촛점으로 만든 것이다. 색채적으로도 양란의 빨강이 미리오그라타스의 녹색과 덩굴의 갈색을 조화시키는 역할을 하는 것이다.

곱슬버들을 재미있게 세워서

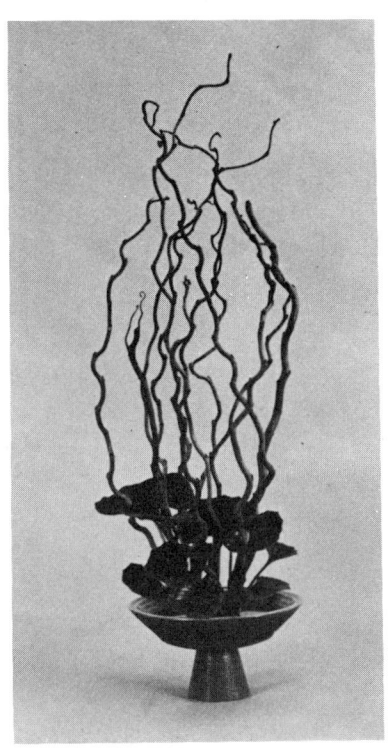

화재　곱슬버들, 털머위
화기　컴포트
양식　성화

　나선상으로 가지를 꿈틀거리며 뻗는 곱슬버들의 특징은 역시 그 가지의 꿈틀거리면서 서서 뻗는 움직임에 있다. 그 가지의 곡선을 수직으로 세워 아래에 털머위 잎을 장식하였다. 몇 개를 그저 수직으로 세우는 것만으로는 화체(花體)에 통일성이 없고 정리된 작품이 되지 않는 경향이 있으므로 접점에서 한곳으로 모아지도록 한다.

　곱슬버들의 꿈틀거리는 사이로 보이는 공간의 재미, 털머위 잎의 싱싱한 녹색의 특징을 보이면서 선과 면의 소재를 확실히 정돈한 작품이다. 하지만 화재의 취급방법에는 사실적인 감각을 보이고 있다.

오동추의 한적한 곡선

화재 오동추, 장미, 베고니아(Begonia)
화기 변형 화기
양식 성화

오동추는 봄에서 여름에 걸쳐서는 자연색을 하고 있으나 가을이 되면 덩굴이 빨갛게 된다.

물이 없어도 그대로의 상태를 유지함으로 건조 화재로써 사계를 통해 이용할 수 있다.

소박하고 얌전한 소재이므로 화려함을 내기 위해 양화를 조합하는 경우가 많은 것 같다.

이 작품은 그 오동추에 장미와 베고니아를 조합한 것이다.

9. 꽃꽂이의 자연미

마른 것의 자연스러운 매력

　살아 있는 초목 중에 마른 가지랑 잎을 섞어 눈에 보이는 변화를 나타내고 거기에서 계절의 변화를 느끼는 방법은 옛날 꽃꽂이에서부터 이용되어져 오던 것이다. 예를 들면 가을의 제비붓꽃을 꺾꽂이하는데 마른 잎을 섞어 그 계절의 정감을 나타내는 것 등은 그 좋은 예일 것이다.
　꽃꽂이에 마른 것을 섞는 수법은 자연의 모습을 소박하게, 과거의 의미를 갖게 한다는 사고방식도 한편에는 있을 것이다. '고금'을 나타내기 위해 버드나무에 마른가지를 사용하여 기중(忌中)의 화환을 만들었던 고전 등은 그 일례인데, 마른 가지를 꽃꽂이에 섞는 것 외에 화재로 수국, 소나무 등이 있다. 연꽃 꽃꽂이에 마른 열매를 사용하여 과거의 상징으로써 나타내는 것도 그 전형이라고 할 수 있는 것이다.
　가을의 제비붓꽃의 마른 잎에 유사한 것으로써는 참억새 등이 있다. 청나래고사리는 마른 것의 화재로써 이미 오래 전부터 쓰여지고 있다.
　이와 같이 마른 것은 살아있는 잎이랑 꽃에 덧붙여 계절의 움직임을 나타내기도 하고 같은 시간적인 경과를 명확하게 상징하기도 한 것인데 현대에는 살아있는 꽃이랑 잎과의 대비 효과를 강조시켜 한결같이 조형적인 의미에서만 사용하고 있다.
　때로 주재가 되는 것은 이 때문이다. 화재로써는 앞에서 기술한 외에 밤, 수수, 해바라기 등의 열매도 이용되고 있다. 인공적으로 바래게 한 재료와 비슷한 것 같으면서도 자연의 풍정이 특색이 되어 있다.

청나래고사리와 양란의 만남

화재   청나래고사리, 덴드로비움(Dendrobium)
화기   변형 화기
양식   투입화

마른 것은 참억새와 같이 사실적인 경향의 꽃꽂이에 적합한 것도 있지만 대부분은 기교를 가하여 전형적인 감각을 강조하여 이용한다. 즉 선이나 면이나 마세로써 사용되는 것이 일반적인 것이다.

여기에서는 물색의 변형 화기에 맞추어 청나래고사리를 선으로써 구사해 보았다. 조합한 화재는 덴드로비움으로 구슬처럼 보이는 꽃의 중심을 정면에 보이도록 하였다.

수수 줄기를 기하학적인 모양으로

화재　수수, 칼라, 장미
화기　변형 화기
양식　성화

　옥수수도 좋고 이 수수도 좋고 열매가 있는 것을 꽃꽂이할 때는 사실적으로 취급하고 가을을 표현하는 것이 일반적인 방법인데, 이와 같이 말려 다른 정취를 보인 경우는 줄기를 꺾기도 한다.

청나래고사리를 경쾌하게 의장한다

화재   청나래고사리(=호랑고비), 카네이션
화기   항아리
양식   투입화

청나래고사리는 채취한 대로의 형으로는 재미가 없지만 이것을 생각하는 대로 만들어 사용하면 재미있는 화재가 된다. 물론 말라 있으므로 모양을 만드는 것은 자유자재이지만 자칫하면 꺾여져 버림으로 주의해야 한다. 만들 때는 줄기뿐 만이 아니고 좌우로 나있는 잎도 정성스럽게 벌려 정리한다.

물을 보급할 필요가 없으므로 마음껏 다룰 수 있는 것도 편리한 점이라고 할 수 있다. 양적으로 마세로 사용할 수도 있지만 기러기 발과 같은 특이한 모양을 가지고 있어 사용하는데 연구를 했으면 한다.

이 작품은 학 모양 입구의 화기에 카네이션의 마세를 얹고 그것을 중심으로 청나래고사리의 경쾌한 곡선을 상하로 배치한 것이다. 청나래고사리의 재미를 의장적으로 살린 것이다.

10. 꽃꽂이의 새로운 재료

박피 화재의 참신한 감각

　박피화재라는 것은 껍질을 벗겨 바래게 하거나 탈색시킨 것을 말하며 그 매끄러움, 감촉, 부드러운 질감을 감상한다. 대부분 삼지닥나무나 등나무 등인데 달리 뽕나무 등이 있다. 하지만 껍질을 벗긴 감각이라면 대부분 양자에 한정된다고 해도 좋을 것이다. 박피하여 색을 바래게 한 것이므로 바래게 한 화재의 일종이라고도 할 수 있지만 바래게 한 화재가 주로 잎이랑 작은 가지 그대로 가공되는데 비해 박피 화재는 가지랑 덩굴의 껍질을 일단 벗긴 다음 바래게 가공하게 된다. 즉 박피한 것으로 식물의 싱싱한 생명감을 느낄 수 있는 것이다. 인공적인 감각과 동시에 식물의 살아있는 감각을 느낄 수 있게 해 줌으로 거기에 바래게 한 화재와 다른 점이 있으므로 그것이 바로 신선한 매력인 것이다.
　이 박피 화재가 꽃꽂이에 쓰인 것은 그렇게 오래 되지 않았으나 오늘날에는 없어서는 안될 화재가 되어 있다. 이 화재가 처음 이용되게 되었을 때는 나무랑 마른 화재와 같은 역할을 하고 있었으나 박피 화재에는 그들에게 없는 현대감이 있으므로 급속히 인기를 얻고 있다.
　상당히 힘이 있는 화재이므로 구성의 주체로서 이용할 수도 있고 구성에 변화를 주기 위해 이용하는 경우도 있다. 조합으로써는 관엽식물이랑 밝은 양화 등 모양이 확실한 것, 색채가 풍부한 것 등이 잘 조화된다.

삼지닥나무의 모양과 표면의 아름다움

화재 박피 삼지닥나무, 패랭이꽃
화기 항아리
양식 투입화

껍질을 벗기지 않은 자연 그대로의 삼지닥나무는 소박함으로 박피했을 때와 같은 개성적인 모양의 재미와 질감 등은 도저히 볼 수 없다.

그러나 이렇게 삼지닥나무를 박피해 보면 완전히 달라진 면모로 새롭고, 그 결의 매끄러움, 모양의 아름다움이 나타난다. 이것을 한층 강조하기 위해 이 부분만을 모으면 이것이 자연의 산물일까 라는 생각이 들 만큼 새롭다.

덩굴을 자유로운 곡선으로 다루어

화재   박피 덩굴 고사리, 카네이션
화기   변형 화병
양식   투입화

마찬가지로 박피 덩굴을 주재로 한 꽃꽂이로 산고사리와 카네이션을 조합한다. 덩굴은 앞에 내어 사용하고 상하에 자유로이 곡선을 그리게 한다.

그 배후에 산고사리와 카네이션을 보통과 같이 꽂고 박피덩굴의 자유로운 곡선을 통하여 녹색의 잎과 빨간 꽃을 볼 수 있도록 구성한 것이다.

면에 작용하는 산고사리의 야성적인 움직임과 덩굴의 인공적인 움직임, 양자를 연결시키기 위해 빨간 카네이션을 입구에 사용했다.

삼지닥나무를 목립(木立)처럼 사용한다

화재　박피 삼지닥나무, 엉겅퀴
화기　발이 달린 배 모양 수반
양식　성화

삼지닥나무는 가지가 나뉘어진 상태가 반드시 3개로 되어져 있기 때문에 그런 이름이 붙여진 것인데 이 나무의 껍질로 종이를 만든다. 꽃꽂이에서도 껍질을 벗긴 삼지닥나무는 비사실적인 화재로써 그 모던하고 개성적인 감각이 중요시되고 있다.

여기에서는 그 박피 삼지닥나무를 잘라 나무가지처럼 수반에 꽂아보았다.

삼지닥 나무를 종횡으로 조합시켜

화재 박피한 삼지닥나무, 갈기 조팝나무
화기 유리 화기
양식 투입화

투명한 유리 화기에 박피 삼지닥나무, 갈기 조팝나무 스토크를 조합시킨 작품이다. 얇은 유리 화병 입구에 박피삼지닥나무를 걸치고 거기에 작은 삼지닥나무, 갈기조팝나무 스토크를 구성한 것이다.

뽕나무의 유동미를 강조하여

화재 박피 뽕나무, 엉겅퀴
화기 변형 항아리
양식 투입화

뽕나무는 가는 가지가 힘있게 솟아오르는 것에 특징이 있는데 생 가지와 희게 바래게 된 가지와는 완전히 맛이 다르다. 희게 바랜 것은 드라이하고 장식적인 효과를 발휘하지만 가지가 가는 만큼 취급에 주의하지 않으면 그림으로 그린 선 같은 느낌이 되는 경우가 자주 있다. 조합할 곳을 선택하여 뽕나무 가지의 선이 살아나도록 다루어야 한다.

10. 꽃꽂이의 새로운 재료 165

덩굴의 경쾌한 리듬을 살린다

화재 박피 덩굴, 백합, 몬스테라
화기 변형 항아리
양식 투입화

살결이 거친 자연의 덩굴은 거칠거칠하여 혐오감마저 느끼게 되지만 껍질을 벗기면 그 아름다움에 놀라게 되고 그 변화가 있는 구부러짐에는 경쾌한 리듬을 느낄 수 있다.

등나무 덩굴을 리드미컬하게 사용하여

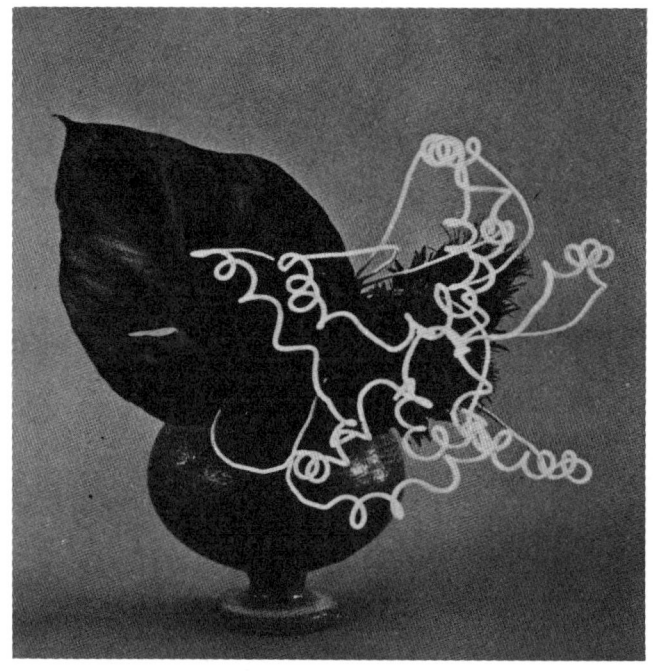

화재 등나무 덩굴, 아테쵸오크, 몬스테라
화기 컴포트
양식 투입화

　덩굴나무 보다 가늘고 일정한 곡선을 그리는 화재로써의 등나무 덩굴이다. 굵기가 일정함으로 등나무와 같은 강한 움직임은 나타내지 않지만 적당한 굵기의 막대기에 감아 나선이랑 소용돌이 등 기하학적인 미를 나타낼 수 있다.

　그러나 등나무 덩굴은 물에 닿으면 너무 부드러워져 오히려 다루기 어려워짐으로 주의하기 바란다.

　이 작품은 중후한 컴포트에 몬스테라와 아테쵸오크의 중량감이 있는 화재를 꽂고 그 전후에 등나무 덩굴이 흰 나선을 그리도록 구성한 것이다. 짙은 녹색의 몬스테라와 보라색의 아테쵸오크를 배경으로 해서 등나무의 흰선의 아름다움이 눈에 띤다.

11. '꽃꽂이'와 '숙명'의 연결

바랜 화재의 재미, 아름다움

바랜 화재라는 것은 식물의 잎이랑 줄기랑 작은 가지 등을 약품으로 처리하여 탈색, 표백시킨 것으로 탈색 화재라고도, 표백 화재라고도 불리우고 있다. 바랜 화재 중에도 단순히 표백, 탈색시킨 것과 거기에 여러 가지 색채를 가한 것 두 가지가 있다. 고사리, 빈랑수, 오크라대싸리, 아브라이트, 월견초, 꽈리, 잎란, 소철 등 수를 헤아릴 수 없을 정도로 다양하다.

바랜 화재의 발상이라는 것은 마른 것의 발상을 연장시킨 것으로 한쪽이 자연에 따른 것임에 비해 또 한쪽은 적극적으로 인간의 의지를 가한 것이 다르다. 그런 차이는 있지만 모두 생명감이 없다는 것은 공통적이다. 바랜 화재가 이와 같이 유행하게 된 재정적인 계기는 별도로 하고 심층적인 원인은 꽃꽂이의 본질적인 문제에 관계되는 것이다. 그것은 꽃꽂이가 '없어지는' 숙명을 가지고 있다는 배경이 있기 때문에 그것을 자각하여 그 '없어지는' 것에 대한 희구를 살려 화재에 그 의식이 미쳤다고 이해할 수 있을 것이다.

바랜 화재는 이와 같이 생명감이 없다, 없어지지 않는다, 색도 질감도 드라이하다 등의 점을 최대의 특색으로 가지고 있지만 본래 식물의 형태에 따라 자유로운 모양을 만들 수 있는 것도 한가지의 잇점일런지 모른다. 아무튼 생명이 있는 생화를 살리는데 있어서 사용하지 않으면 안될 화재이다.

탈색 오크라를 별처럼 벌려

화재 탈색 오크라(Okra), 장미, 몬스테라
화기 변형 화기
양식 성화

 탈색 오크라의 열매는 그대로 다루면 열매가 단순해서 줄기와 구별이 잘 가지 않아 재미가 없다. 꽂을 때에는 열매를 나누듯이 해서 꽃이나 별처럼 벌려 사용한다.

11. '꽃꽂이'와 '숙명'의 연결   169

탈색 대싸리를 마음껏 춤추게 한다

화재 탈색 대싸리, 탈색 나무, 거베라, 연밥
화기 컴포트
양식 투입화

지금에는 탈색 화재의 종류도 많아졌지만 이전에는 대싸리가 아주 많이 사용되었다. 착색한 것을 불처럼 다룬 작품을 본 적이 있을 것이다. 화재로써 진귀했던 것은 물론이고 무엇 보다도 사용하기 쉬운 모양으로 만들기 쉬웠다.

이 작품은 고리로 만들어 배치한 많은 대싸리와 연밥과 거베라를 대조시켜 변화를 준 것이다.

탈색 꽈리와 생화인 가베라

   화재   탈색 꽈리, 팔손이, 거베라
   화기   변형 항아리
   양식   투입화

입구가 3개인 물색 항아리에 3개의 탈색 꽈리와 3개의 거베라를 대조시킨 꽃꽂이다. 드라이한 꽈리와 살아있는 감각의 거베라를 좌우에 사용하여 구성한 것이다.

노란 착색의 밝은 고사리를 중심으로

화재 　탈색 고사리, 신비디움, 아스파라가스, 안드리움(Anthurium)
화기 　변형 항아리
양식 　투입화

　탈색 화재는 순백으로 밝고 경쾌한 느낌이다. 따라서 그것을 사용하면 다른 꽃이랑 색채가 더욱 선명해져 산뜻한 느낌으로 완성되는 것이다.

탈색 잎란의 환상적인 분위기

화재   탈색 옆란, 온시디움(Oncidium)
화기   귀가 달린 화병
양식   투입화

어떤 화재이든 살아있는 것과 탈색 것과는 그 이미지가 현저하게 달라지는데 옆란처럼 그 성격이 반대가 되는 것은 드물 것이다. 살아있는 옆란이 그 단순 명쾌한 색조와 형을 지니고 있고 매우 현실적인 성격의 미감을 느끼게 하는 것에 비해 탈색 옆란은 부드럽고 매우 환상적인 분위기를 자아내고 있다.

채종각을 원과 선으로 사용하여

화재 탈색 채종각, 온시디움, 아나나스(Ananas)
화기 변형 항아리
양식 투입화

탈색 채종각은 작고 가늘고 긴 골각이 모여 미세한 움직임을 보이는 재미있는 화재이다. 그것은 현대인의 복잡한 심상을 상징하는 것 같기도 하다.

여기에서는 그 채종각을 짙은 갈색 항아리에 조합하여 그 색과 질의 비교로 밝은 꽃꽂이를 구성해 보았다. 채종의 백과 항아리의 갈색, 채종각의 마른 질감과 항아리의 매끄러운 느낌이 대비의 미를 이룬다.

다른 형과 색을 조화시킨다

화재 탈색 아브라이트, 털머위, 인코아나나스
화기 발이 달린 배 모양 화기
양식 성화

식물을 조형적으로 분석해 보면 선, 면, 덩어리, 그에 점 등이라는 요소로 성립되어 있다는 것을 알 수 있다. 면이라고 해도 여러가지 다른 요인으로 형성되어 있고 반드시 한가지는 아니다. 여기에 사용한 털머위와 같은 잎은 그 전형인데 면으로도 선으로써도 작용한다.

탈색 소철의 면을 보이며—

화재 탈색 소철, 기간디움(Giganteum), 카네이션
화기 수반
양식 성화

수반의 중앙에 세운 장단 5개의 탈색 소철 사이에서 기간디움 꽃만을 3개 보이도록 장식한 꽃꽂이 작품이다.

탈색 빈랑수의 화려한 순백

화재   탈색 빈랑수, 글라디올러스(Gladiolus)
화기   화분
양식   성화

　탈색 화재는 투명한 백색이다. 탈색 다음 착색한 것도 있으나 탈색 채 순백인 것이 꽃의 자연스러운 색채에 잘 조화되는 것 같다. 수많은 것 중에서 빈랑수만큼 청순한 화려함을 가지고 있는 것은 없을 것이다. 섬세한 선의 모임, 그 흐름의 아름다움이 발전하여 꽃꽂이할 의욕이 나는 화재이다.
　이 작품은 2개의 빈랑수를 화염처럼 세우고 그 가운데에 새빨간 글라디올러스를 끼운 것이다. 빨강과 백색의 강렬한 만남에 의해 작품의 인상이 한층 강해졌다.

12. 꽃꽂이의 이질 재료

이질(異質) 화재의 만남

　식물이 아닌 것을 꽃꽂이의 재료로 사용한다고 하면 처음 듣는 사람은 이것을 이상하다고 생각할런지도 모른다. 자연의 살아있는 초목을 사용하여 모양을 만드는 것이야말로 꽃꽂이의 소박한 태도이기 때문이다. 그리고 사실이 그대로이다.
　그러나 현재에는 식물이 아닌 것도 꽃꽂이 중에 실제로 쓰고 있다. 꽃꽂이에서는 이것을 이질재라고 부르고 있는데 공작의 날개나 탁구공, 그 외의 꽃꽂이의 재료로 맞게 만들어진 여러 가지 화학 제품 등이 아무런 거부감 없이 쓰이고 있고 주변에 저항을 사지도 않고 있다. 생명이 없는 단순한 것을 대비시키는 것에 의해 생명이 있는 살아있는 식물을 한층 살아나게 하는 것은 이로써, 기본적으로는 탈색 화재나 박피 화재, 또는 나무 등과 같은 사용방법으로 쓰인다.
　하지만 이질 화재는 어디까지나 보조에 지나지 않으므로 그것을 표현의 주체로 하거나 목적으로 하는 꽃꽂이는 없다. 옛날에도 부채나 활 등을 꽃꽂이의 재료로 사용한 예가 있는데 그다지 바람직한 취향이라고 받아들여지지는 않았다.
　그리고 이질 소재를 꽃꽂이에 이용할 때는 아무래도 그것을 재료로 하는 것이므로 우선 내면적인 이유를 깊이 생각하여 선택해야 한다. 화재 가게가 여러가지 복잡한 이질 화재를 제공해 준다고 해도 표면적인 아름다움을 쫓아 무비평으로 받아들여서는 안된다. 전시회 등에서 금속 유리 그 외의 이물질을 이용할 때도 마찬가지이다.

비닐 선을 좌우로 흘려서

화재 비닐선(線), 인카나, 붉은 소국
화기 두개의 입구가 있는 화병
양식 투입화

두개의 입구를 나란히 한 디자인의 물색 화기에 비닐선, 인카나, 붉은 소국을 조합한 꽃꽂이이다. 비닐선은 정확하게 말하자면 철사를 비닐로 피복한 것에 금박을 입힌 것으로 흐르는 듯한 곡선과 함께 알알이 박힌 금박이 특징이다.

그 비닐선을 두개의 입구 중 그 한쪽에 좌우로 앞으로 두개씩 낮게 흘리고 인카나와 붉은 소국을 아래에 정리하여 꽂은 것이다.

등나무 덩굴의 소용돌이 무늬를 중심으로

화재 등나무 덩굴, 나팔 수선, 보리
화기 변형 귀가 달린 화기
양식 성화

 재미있는 디자인의 귀가 달린 화기의 옆으로 긴 형에 맞추어 소용돌이 모양으로 다룬 굵직한 등나무 덩굴을 세로로 길게 구성한 작품이다. 등나무 덩굴은 소용돌이가 안에 오도록 마주세우고 그 아래와 좌우에 나팔 수선과 보리를 나누어 꽂고 있다.
 나팔 수선은 상단에서 중단에 배치된 소용돌이에 맞추어 위에서 아래로 점점히 배치하여 작품에 밝기를 더하려 했다. 오른쪽 아래에 사용한 보리는 나팔 수선과 대응시키면서 그 초록이 전체를 정리하듯이 배치한 것이다. 등나무 덩굴의 소용돌이가 나타내듯이 장식적으로 밝게 마무리한 성화이다.

탁구공에 꽃과 잎을 조화시킨다

화재　탁구공, 아스파라거스(Asparagus), 카네이션
화기　변형 항아리
양식　투입화

흰 비닐선의 끝에 매달린 흰 탁구공을 가는 입구 뒤에서부터 흘려 사용했다. 그 둥글고 귀여운 공과 부드러운 비닐의 곡선이 자아내는 리듬으로 꽃의 리듬이 한층 살아난다.

탁구공을 경쾌하게 교차시켜

화재   탁구공, 쥐엄나무, 백합
화기   백색의 긴 화병
양식   투입화

탁구공에 비로드를 입혀 착색한 것에 비닐선을 접착시킨 새로운 화재이다.

식물 화재와 같은 생명감은 없지만 둥근 볼의 경쾌한 움직임에 특색이 있다.

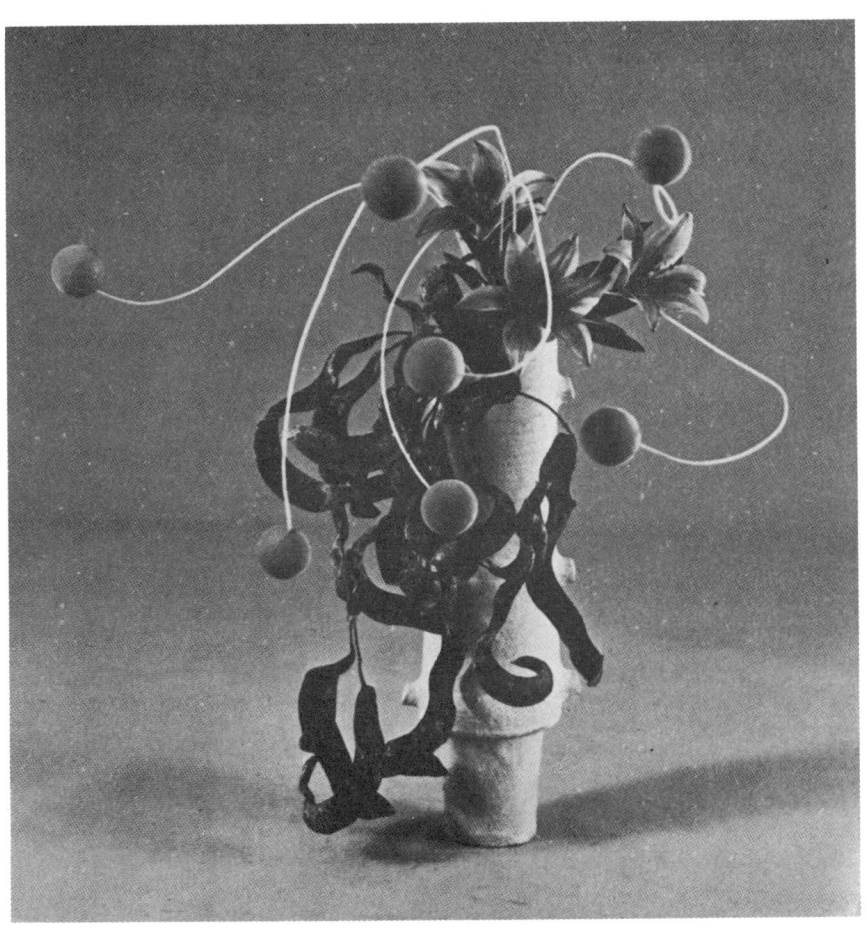

마른 조의 이삭을 마세로 하여

화재 조, 국화, 잎세란(뉴우사이란 New Jealand)
화기 변형 컴포트
양식 성화

마른 것에는 고염한 색조랑 살아있는 화재에는 없는 의미의 재미가 있다.

이 꽃꽂이는 많은 마른 조를 양적으로 살린 것이다. 한개의 조를 살리는 꽃꽂이 방법도 있지만 이렇게 많이 모아 구성하면 또 다른 아름다움을 볼 수 있다.

여기에서는 그 조를 비롯하여 국화, 잎세란을 각각 마세로 하여 조형적인 감각으로 다루어 3가지 종류의 화재의 양과 색과 형에 의한 밸런스를 기했다.

늘어진 뽕나무 선의 아름다움

화재 늘어진 뽕나무, 아로카시아, 맨드라미
화기 유리 그릇
양식 투입화

 늘어진 뽕나무의 가지 선은 보기에도 기운을 느낄 수 있다. 3개의 가지의 연약한 곡선이 꿈틀거리면서 조화를 유지하도록 취급하고 유리 그릇의 투명감과 함께 명료하고 산뜻한 이미지를 만들도록 구성했다.
 칼라디움의 잎은 잎맥의 아름다움에 특징이 있다. 늘어진 뽕나무의 섬세한 선에 의한 구성이 여기에서는 면의 효과로 작용을 시키고 있다. 노란색의 맨드라미를 화기 입구에서 얼굴을 내밀도록 하면서 늘어지는 뽕나무와 칼라디움을 관련시키고 있다.
 유리 그릇의 꽃꽂이인 경우는 꽃은 부분이 비쳐 보이므로 한개로 정리하던가 산뜻한 느낌으로 취급하는 것이 중요하다.

공작 날개의 호화로운 무드

화재   카라, 공작의 날개
화기   유리 화병
양식   투입화

공작의 날개는 그 호화로운 분위기가 선호되어 이질 화재 중에서도 가장 많이 쓰이고 있는 화재라고 할 수 있을 것이다. 공작의 날개를 화병에 꽂는 것만으로도 그대로 장식이 될 정도이다.

13. 양화를 테마로 하여

칼라플한 현대의 화재

　외국산, 열대산의 꽃을 통상 '양화(洋化)'라고 하고 있다. 이 양화를 받아들임으로 해서 꽃꽂이의 표현 경향은 일변했다고 일컬어지고 있다. 성화가 행해지게 된 것도 그 한가지 예로 현대의 자유로운 꽃을 구성하는 데에도 양화는 없어서는 안될 존재가 되어 있다. 양화는 우리 풍토에서 자라온 초목에 비해 표정이 섬세하고 취향이 깊은 것에는 미치지 못하고 있지만 우리의 꽃이 갖추지 못하고 있는 다음과 같은 특징을 가지고 있다.
- 색채가 칼라플하여 밝은 무드를 자아낸다.
- 모양이 단순 명쾌하여 힘있는 효과를 발휘한다.

등인데 꽃 그 자체의 특징과는 별도로 양풍 환경에 잘 조화된다. 용이하게 입수할 수 있다. 튼튼하고 오래 간다 등의 이점도 있다.
　양화는 이와 같은 이유로 급속히 화재의 중요 부분을 점유하게 되었고 주재(主材)랑 배재(配材)로써 많이 쓰이고 있다. 양화만을 살린다, 양화와 양화를 조합한다, 양화와 관엽식물을 조화시킨다, 화목, 나무, 그 자체 잎 등 재래의 화재와 조합하는 것 등이 그것이다.
　재래의 화재를 꽂을 때에는 출생을 기준으로 하여 전체의 모습이 중요시되었다. 양화를 현대의 꽃꽂이에 사용하는 경우에도 이 원칙에는 변함이 없으나 출생 범위와 해석이 확대되어 부분적인 아름다움이랑 집합된 아름다움이 현저하게 강조되고 있다. 양화를 살리는 큰 특색이다. 주요한 양화 30종을 테마로 해서 그 아름다움을 현대 꽃으로 표현해 보았다.

아이리스

화재 아이리스(Iris)
화기 삼각추 변형 화기
양식 성화

아이리스는 붓꽃에 비하면 꽃도 잎도 훨씬 건조한 느낌이므로 역시 양화라는 느낌이 든다. 그래도 청보라, 노란색 등의 꽃을 봄이면 피우므로 이 계절의 중요한 화재가 되고 있다.

잎에 특징이 있어 힘 있는 만곡선을 그리고 있는 모양은 작품으로 싱싱한 생기를 자아낸다.

여기에서는 삼각추의 변형 화기에 아이리스 1종을 모던하게 구성해 보았다.

후리지아

화재 후리지아, 크로톤 잎
화기 변형 화기
양식 성화

후리지아는 그 가늘고 청초한 모습도 좋지만 향기가 좋아 초봄의 양화를 대표하는 것이라고 할 수 있을 것이다. 노란색, 엷은 보라색 등이 있고 칼 모양의 잎, 가는 줄기 모두 맑은 아름다움을 보여 준다.

그 가는 줄기에 피는 꽃을 길게 다루어 좌우로 움직임이 있는 성화를 마무리했다. 오른쪽 방향에는 후리지아를 길게 꽃을 주체로 해서 배치하고 왼쪽에는 잎을 첨가하여 좌우를 조화시키려 했다.

나팔 수선

- **화재** 나팔 수선
- **화기** 변형 화병
- **양식** 투입화

　수선은 겨울에서 초봄에 걸쳐 피는 것과 봄에 피는 것으로 나뉘어진다. 후자는 나팔 수선, 큰잎 수선, 여덟잎 수선 등 색, 모양 모두 화려하고 눈부신 것이 많고 그 중에서도 나팔 수선이 그 대표적인 것이라고 할 수 있다. 나팔 수선은 일경 일잎이므로 사용방법도 개성미를 강조하는 것이 중요하다.

　이 작품은 나팔 수선 1종으로 잎의 선의 아름다움을 기교적으로 구성한 것이다. 꽃은 그 잎만을 겹쳐지도록 꽂아 입구를 장식했다. 수선의 장엽은 구부리는데 너무 구부리면 내려가 버린다. 그런 때는 평평한 잎 속에 똑바로 뻗은 바늘 등을 단숨에 잎끝까지 꽂아 두면 염려없다.

스토크

화재　스토크, 칼라, 팔손이잎
화기　컴포트
양식　성화

스토크는 튼튼한 데다가 화색도 홍색의 농담, 보라색, 흰색 등 상당히 풍부하다. 겨울에서 봄으로의 화재로써 최근에는 매우 중요한 화재가 되어 있다. 꽃이 덩어리로 되어 있기 때문에 그대로 마세적 효과도 있고 색채랑 양감의 표현에 도움이 된다.

작품 예는 스토크는 높게 사용하고 아래에 팔손이잎의 잎과 칼라를 의장적으로 조합시킨 성화이다. 이 스토크는 담홍색의 꽃을 달고 있는데 아래의 칼라의 백색과 대비시키는 것에 의해 그 색채가 한층 밝게 인상지어진다.

스토크와 칼라만으로는 너무 단조로우므로 팔손이잎을 아래에 비스듬히 사용, 그 짙은 녹색과 명확한 형으로 양자의 조화를 기한 것이다.

군자란

화재 군자란, 잎세란, 설유화(雪有花)
화기 변형 컴포트
양식 성화

군자란은 한 그루의 줄기에 짙은 오랜지색의 꽃을 모아 화려하게 피는 양화이다. 짙은 맛이 있는 폭넓은 잎을 가지고 있으나 줄기와 잎이 따로 따로 되어 있으므로 반드시 꽃과 잎을 함께 사용할 필요는 없다. 꽃은 마세적으로 양감과 색체를 강조하고, 잎은 면의 효과에 작용하는 화재로서 따로따로 활용하는 것도 가능하다.

여기에서는 꽃만을 사용하였다.

마아가렛

화재 마아가렛(Maguerite)
화기 화분
양식 성화

대서양 카나리아 군도에서 태어나는 마아가렛은 신선한 녹색 잎과 순백의 꽃잎을 가진 가련한 봄의 양화이다. 꽃의 종류는 8가지, 노란색 마아가렛 등도 있으나 일반적으로는 흰색 꽃이 친숙해져 있다.

꽃의 길이도 그다지 짧은 편은 아니고 화재로써는 다른 꽃의 배재나 소작품 등에 사용하는 경우가 많은 것 같은데 살리는 방법에 따라서는 화려한 꽃꽂이를 즐길 수도 있다.

여기에서는 입구가 넓은 화분에 꽃을 낮게 심듯이 배치시켜 보았다. 이 화기의 바깥쪽은 순백이지만 안쪽은 검게 칠해져 있고 여기에 마아가렛이 떠있는 듯한 효과를 기하고 있다.

튜울립

화재 튜울립, 등나무 덩굴
화기 백색 항아리
양식 투입화

 수많은 양화 중에서 가장 서민적인 느낌을 갖게 하는 튜울립은 그 밝음, 귀여움이 그대로 우리들의 마음에 전해져 오는 꽃이라고 할 수 있다.
 튜울립에는 빨강, 노랑, 흰색을 비롯한 많은 화색이 있다. 그 튜울립을 많이 모아 흰 화기 항아리에 가득히 꽂아 보았다.
 이것만으로도 충분히 실내를 즐겁게 채색할 수 있지만 꽃꽂이로 감상하기 위해서는 역시 형태적인 아름다움도 필요하다.

데이지

화재 데이지, 산사나무
화기 변형 화병
양식 투입화

노란색의 화심을 흰 꽃잎이 감싸고 피는 데이지는 국화과의 꽃답게 국화와 비슷하지만 소녀를 연상시키는 귀여움과 소박함, 양화 독특한 명랑함이 있다. 그러므로 한송이 한송이의 꽃을 보이는 것 보다 몇 송이를 모아 사용하는 편이 화려하다. 본래 데이지는 길이가 5~60센티, 줄기도 튼튼하고 내부가 공동으로 되어 있다.

여기에서는 상하가 가늘고 중앙이 퍼져 있는 변형 화기를 사용하여 데이지의 흰 꽃을 입구에 가득히 피워 보았다.

칼 라

화재 칼라, 만년청
화기 변형 화기
양식 성화

칼라는 서양 이름이고 해우라고도 한다. 구미에서는 이 꽃의 청정한 아름다움을 선호하여 신부의 꽃다발에 많이 이용된다고 한다. 물가에 자라는 수생식물로 꽃꽂이에서는 봄에서 여름에 걸쳐 화재로써 쓰이고 특히 여름에 물 옆에 살리는 것도 재미있을 것이다.

여기에서는 꽃의 독특한 형태를 살리도록 큰잎을 선택하여 녹색 줄기에 덧붙여 성화로 정리했다.

서양 장미

화재 서양장미, 안개꽃
화기 코발트 항아리
양식 투입화

장미의 역사는 매우 오래되었다. 꽃이 오래 가서 이 꽃은 옛날부터 장춘이라고 불리웠다. 언제나 녹색이 변함없는 소나무와의 조합을 '불노장춘'이라고 하여 축의를 나타내는 꽃으로 쓰였었다. 현재 화재로써 사용하고 있는 것은 서양 장미인데 이미 우리꽃화되어 있다.

서양 장미는 화려함, 기품, 밝은 것이 특징이다. 여기에서도 중개, 만개의 장미를 호화롭게 살렸다.

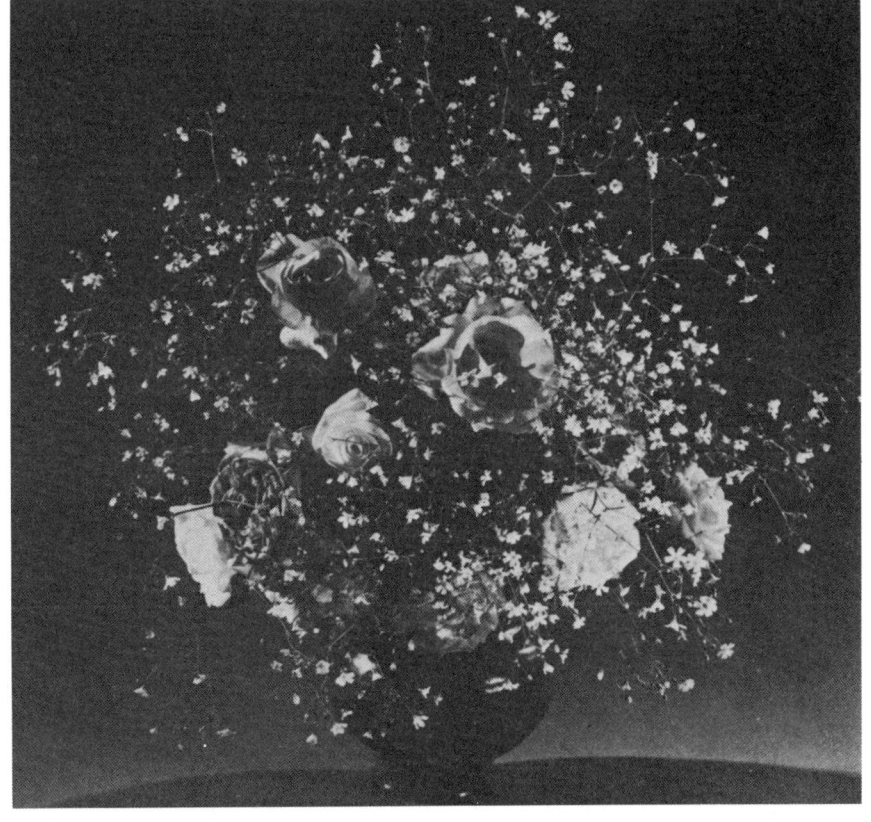

카네이션

화재   카네이션, 리피오그라타스, 드라세너(Dracena)
화기   변형 화기
양식   성화

양화 중에서도 카네이션은 일반 대중에게 친숙해져 있는 꽃이 아닐까. 빨강, 핑크, 흰색, 크림, 줄무늬 있는 것 등 화색도 풍부하고 꽃다발이나 데커레이션용 또 어버이날의 꽃으로써도 알려져 있고 활용 범위도 가장 넓지 않을까 생각한다. 오늘날에는 일년내내 손에 넣을 수 있지만 자연 재화는 5월이라고 되어 있다.

스위트설탄

화재 스위트설탄(Sweet Sultan), 안개꽃
화기 다리가 달린 변형 화기
양식 투입화

민들레와 비슷한 스위트설탄은 흰색, 담홍색, 보라색 등이 있는데 화재로써 노란색이 많이 쓰이고 있다. 카네이션 보다 한층 작고 연약한 느낌이므로 조합 재료가 너무 많거나 강한 개성의 화재와 조합하면 번잡하기 때문에 아름다움도 반감되어 버린다.

여기에서는 그 스위트설탄을 길게 꽂고 안개꽃을 아래 중단에 꽂았다.

스토케시아

화재 스토케시아(stokesia), 아스파라거스, 여름 황로, 석무초
화기 브랜디 글라스
양식 투입화

화재로써는 초여름에 많이 나오고 짙은 청보라색이 신선하다.

스토케시아의 시원한 색을 한층 더 살리기 위해 화기에는 물이 보이는 대형 브랜디 글라스를 이용했다.

보통은 가려지는 화재의 발가가 유리를 통해 비쳐 보임으로 그것을 계산하여 작품을 구성한다. 조합한 아스파라거스와 석무초는 모두 줄기가 가늘고 가벼운 화재이다.

알리움

화재　알리움, 군자란, 휘닉스(Phoenix)
화기　변형 화기
양식　성화

구불구불 굽으며 뻗어있는 줄기 끝에 공모양의 꽃을 피우는 알리움은 화재 중에서도 특이한 존재이다. 본래는 꼿꼿하게 자라는 것인데 재배 도중에 인공적으로 변형시켜 독특한 곡선이 생기는 것이다. 이 화재의 특징은 줄기의 선과 공 모양의 꽃이 만드는 대조의 재미이다.

이 작품은 알리움의 꽃과 줄기를 비교적 솔직하게 살린 것이다.

철포 백합

화재　철포 백합, 스위트 설탄(Sweet sultan)
화기　변형 화기
양식　투입화

철포 백합은 개화해도 다 벌어지는 경우가 없다. 대만을 원산지로 하고 있다. 정확하게 양화라고 하기는 어렵지만 수많은 백합 중에서도 특히 모던한 분위기여서 양화로써 다루어도 결코 이상할 것은 없을 것 같다.
　최근의 원예 품종에는 특히 이것이 많은 것 같다.

엉겅퀴

화재 엉겅퀴, 잎맨드라미, 다알리아
화기 화분
양식 성화

　엉겅퀴는 7, 8월 무렵 짙은 감색을 한 모양의 꽃을 피운다. 그 깊은 백합색과 둥근 꽃으로 붙여진 이름이다. 안쪽에 흰털이 있는 잎이랑 줄기의 무늬가 상당히 드라이하고 햇볕을 좋아하는 특색을 가지고 있다. 꽃꽂이에서는 잎을 제거하고 둥근 꽃과 줄기가 쓰이는 것이 일반적이다.

아마릴리스

화재   아마릴리스(Knight star lily)
화기   컴포트
양식   성화

  꽃꽂이에서는 전체의 꽃의 구성이 선행되는 경우와 화재(식물)의 특징을 끌어내어 그것을 살리는 것을 포인트로 하는 경우가 있다. 아마릴리스는 개화, 봉오리, 잎 각각에 특징이 있고 양감이 있는 꽃, 직선적인 줄기, 면적인 잎 등 변화가 풍부하다. 그들 특징을 살펴 아마릴리스 일종의 변화를 구성해 보았다.
  폭넓은 녹색의 잎을 여러장 곧바로 세워 장단을 붙이면서 겹쳐 면을 강조한다. 개화는 화기 입구에 낮게 다루고 빨간 색채를 강조하면서 두꺼운 맛이 있는 녹색 면과 균형을 기하고 있다. 봉오리는 그 두꺼움으로 머리를 옆으로 향하고 있는데 그 특징을 살펴 좌우의 잎 사이에서 얼굴을 드러나게 하여 면의 단조로움에 변화를 주도록 정리했다.

리아트리스

화재   리아트리스(Liatris), 거베라, 아스파라거스
화기   깊은 화분
양식   성화

  리아트리스는 쭉쭉 뻗은 모습이 매우 묘하다. 북아메리카가 원산지인 양화인데 꽃이라고 해도 직선적인 줄기에 핀 작은 꽃이 이삭 모양으로 핌으로 꽃 자체에서 표정을 볼 수는 없다. 그런 만큼 리아트리스만을 꽂지 않고 다른 꽃의 도움을 빌려 구성한다.

  여기에서는 형이 비슷한 **리아트리스** 몇 송이를 선택하고 그 직선적인 아름다움을 그대로 살려 장단을 갖춰 전후에 배치했다. 그리고 오른쪽에는 거베라를 낮게 갖추고 왼쪽에는 부드러운 아스파라거스의 선을 배치한다. 리아트리스를 잘 보이도록 하기 위해서는 꽃 틈에 뻗어있는 잎을 잘 정리하여 사용한다. 가는 잎이지만 줄기가 전체적으로 덮혀 있으면 잡초처럼 보여 보기 흉하다.

포 피

화재 포피
화기 변형 배모양 화기
양식 성화

포피라는 것은 이름이 나타내듯이 모던한 분위기라고 할까.

철포 백합이랑 크레마티스와 마찬가지로 우리나라 꽃이라고도 양화라고도 할 수 없는 것이 특색이다.

꽃꽂이 등에서는 이 우미한 꽃과 섬세한 줄기를 모두 살리거나 꽃 목만을 살리는데 모두 한종류로 그 아름다움을 강조하는 것이 보통이다. 여기에서도 좌우로 긴 팔을 편 변형 수반 중앙에 포피를 모아 심플한 아름다움을 구성했다.

독일 엉겅퀴

화재 독일 엉겅퀴, 팔손이 잎, 빨간 덩굴
화기 다리가 달린 변형 수반
양식 성화

　엉겅퀴에는 야성 엉겅퀴, 한국 엉겅퀴, 독일 엉겅퀴 등의 종류가 있다. 독일 엉겅퀴는 독일이라고 이름 붙여져 있으나 일본이 원산으로 야성 엉겅퀴를 원예 재배한 것이다. 보통 엉겅퀴라고 하면 깊은 붉은 보라색이 특징이지만 독일 엉겅퀴는 흰색, 노란색, 홍색 농담 등 꽃색도 풍부하다. 야성 엉겅퀴의 싱싱한 야성미에는 따르지 못하지만 개성적인 꽃이라 현대화에 어울린다고 할 수 있다.

다알리아

　화재　다알리아, 몬스테라, 흰 비닐선(線)
　화기　다리가 달린 변형 화기
　양식　성화

　다알리아는 옛날에 전해져 당시 사람들은 그 아름다움을 국화에 필적하는 꽃이라고 칭찬했다. 초여름부터 피기 시작하여 한여름에 쉬었다가 가을 중반까지 핀다.
　작품 예에서는 붉은 보라색과 담홍의 다알리아를 이용, 중심에서 오른쪽 방향으로 꽃을 모으면서 붉은 보라색의 꽃송이를 초점으로 하여 중심에 꽂고 색조의 통일을 기한다.

거베라

화재 거베라, 등나무 덩굴
화기 컷글라스 화분
양식 성화

신선한 색과 모양으로 특색 있는 거베라는 보기에도 젊고 현대적인 느낌이 풍부한 양화이다.

개성적인 꽃인 만큼 꽃꽂이 방법이나 조합 화재도 풍정을 살리는 것 보다 조형성이 있는 쪽이 거베라의 특질이 보다 선명하게 살아날 것이다.

거베라의 얼굴을 정면으로 향하여 배치하고 색과 모양을 인상에 박히게 하듯이 대담하게 구성해 보았다.

빨강, 핑크, 노랑 등의 컬러플한 아름다움이 글라스와 어울려 매우 화려하다.

크레마티스

화재 크레마티스(Clematis)
화기 유리 화분
양식 성화

크레마티스는 중국이랑 유럽에서 야생하고 있는 몇 종의 원종을 기본으로 교배 개량한 원예 품종이다. 도회적인 밝은 풍정이 특색이다.

여기에서는 꽃의 특색 있는 덩굴이랑 잎은 무시하고 멋있게 퍼져 있는 6장의 꽃잎에 주목하고 있다. 간결한 아름다움을 빨강 유리 그릇 위에 사뿐히 얹은 작품이다.

해바라기

화재   해바라기, 털머위, 리아트리스(Liatris)
화기   적자색 항아리
양식   투입화

해바라기라고 하면 반 고호를 생각하게 되는데 이 특이한 화가가 사랑하던 해바라기는 독특한 아름다움으로 한여름의 태양 아래에서 빛을 발하고 있다. 해바라기는 모양상 양적인 강함이 있다. 그리고 황색이라는 색채적인 격렬함이 가해져 있어서 조합은 모양과 형을 보아 밸런스를 잃지 않도록 해야 한다.

여기에서는 큰 해바라기 2개에 털머위를 선택하였고, 화기도 적자색의 안정감 있는 항아리를 사용했다.

안스류움

화재 안스류움(Anthurium), 에리카(Erica), 종려나무잎
화기 2개의 입구가 있는 변형 화병
양식 투입화

조화인지 생화인지 구별하기 어려운 안스류움이다. 빨간 꽃잎이라고 생각되는 부분은 잎에 해당. 열대 아메리카 지방에서 재배되고 있고 특히 하와이에 많다고 한다. 선명한 색, 광택 있는 독특한 질감, 단순한 모양 등 꽃이라기 보다 물체로 보아도 흥미가 일어난다.

스트렐리치아

화재 스트렐리치아(=극락조花, Bird of paradise flower)
화기 다리가 달린 장방형 수반
양식 성화

오렌지, 보라, 파랑의 선명한 화색에 샤프한 모양을 하고 있는 스트렐리치아는 그야말로 열대의 꽃 중 왕자라고 할 수 있을 것이다. 꽃 모양이 극락조와 같아 극락조라고도 불리운다. 식물이라기 보다 살아있는 그 무엇과 같은 인상을 준다.

그런 만큼 호화로움을 살려 축의의 화재로써 효과적이다.

글라디올러스

화재 글라디올러스, 미리오글라타스, 만다라화
화기 변형 화기
양식 성화

글라디올러스는 양화 중에서는 키도 크고 화색도 풍부한, 자못 여름다운 정렬적인 꽃이다. 한 종류를 꽂아도 좋고 줄기를 뻗게 하여 꽂거나 개화를 마세로 하여 색체를 강조하기도 하고 가늘고 긴 잎을 변형시키기도 하고 여러가지 디자인적인 연구도 가능하다. 조합하는 화재는 나무 자체 보다 아리아름이나 덩굴 몬스테라와 같은 모던한 것이 재미있을 것이다. 여기에서는 미리오글라타스를 조화시켰다. 글라디올러스는 꽃이 달리지 않은 부분을 잘라 가지런히 직립시키고 변형된 화기의 측면을 이용하여 미리오글라타스의 마세를 더하였다. 마세적인 취급은 자칫하면 운동감이 없어져 버림으로 꽃과 꽃 사이에 배치한 구성으로 변화를 주었다.

덴드로비움

화재 덴드로비움, 튜울립, 피닉스
화기 부채 모양의 선평 화기
양식 성화

덴드로비움은 다른 난에 비하면 꽃은 작지만 핑크, 하얀, 붉은 자주, 노랑 등 색도 풍부하고 작은 꽃은 사랑스럽다. 이와 같은 꽃에는 개성적인 잎이랑 꽃을 맞추는 편이 현대적인 표현을 하는 방법이 될 것이다.

여기에서도 변형 화기에 덴드로비움, 노란 튜울립 2개, 피닉스 2개를 조합하여 개개의 화재가 반발되면서 각각의 개성미를 조화시킬 수 있도록 구성했다.

심비디움

화재　심비디움, 안스리움의 잎
화기　변형 화기
양식　투입화

　양란에는 많은 종류가 있고 카토레아, 덴드로비움, 나비란, 심비디움 등이 절화용으로써 이용되고 있으나 긴 줄기에 큰 잎의 꽃을 맺게 하는 심비디움은 호화로움과 줄기가 길어 다루기 쉽다는 점에서 다른 양란보다 많이 사용된다. 고가인 꽃이므로 보통 때에는 사용할 수 없지만 손님을 초대한 때나 파티 등에 이런 호화로운 꽃을 이용하는 것도 재미있을 것이다.
　여기에서는 달콤한 향기를 내뿜는 크림색의 심비디움을 변형 화기에 세워 꽃이 한개 한개 잘 보이도록 했다. 화기 입구에 안스리움 잎을 2장 배치하여 심비디움과 화기를 연결시키도록 한다. 기교를 가하지 않고 고귀한 아름다움을 그대로 살리는 것도 중요한 기술이다.

꽃 말

소재	꽃말	원산지	처리	소재	꽃말	원산지	처리
가문비나무	성실, 정직	일본	不要	금사철	변화없다	일본	不要
까치밥나무	○	한국, 중국	不要	금송화 (African Marigold)	질투, 나쁜마음	멕시코	물속자르기
갈대(Reed)	친절, 신의 경이, 자애	한국,중국,일본 한국	不要 不要				
감나무							
강아지풀 (a foxtail)	동심, 노여움	한국, 온대지방	不要	금어초 (Snap dragon)	오만, 탐욕	남유럽	물속자르기
개나리 (Golden bell tree)	희망	한국	不要	금잔화	실망, 비탄	남유럽	물속자르기
				기린초 (Golden Rob)	○	북아메리카	물속자르기
개암나무	다시친해짐	한국, 일본	不要				
갯버들 (Sallow)	친절, 자유	한국, 중국	不要	나팔꽃	희열, 기쁜소식	중국	물속자르기
거베라 (Gerbera)	신비 풀수없는 수수께끼	아프리카	알콜 물속자르기	나팔수선화	짝사랑, 자존심	스페인·루마니아	물속자르기
고데마리	노련하다	중국	알콜	낙엽송	대담, 용기	한국, 일본	不要
고데치아 (Godetia)	○	캘리포니아	물속자르기	난 초 (Orchid)	청초한 아름다움	서양란-아열대 동양란-온난대	물속자르기
고욤나무	경이	한국, 중국, 일본	不要				
곱슬버들	경쾌, 태평세월	중국, 중부지방	不要	남천나무	전화위복 격정	중국, 인도, 일본	물속자르기
공작깃 (a peacock feather)	화려	인도, 버어마	不要	너도밤나무 (Beech tree)	번영	한국, 중국	不要
꽃양배추 과 꽃	이익 변화, 추억	유럽 중국	不要 물속자르기	네프로레피스 (Nephrolepis Corifolia)	매혹	열대, 아열대	不要
꽈 리 (a ground cherry)	약함, 수줍음	한국	물속자르기	노린재나무	동의	한국, 일본	不要
구기자	회생	한국, 중국, 일본	물속자르기	노박덩굴	○	한국, 중국, 일본	不要
국 화	성실,정조	중국, 한국, 일본	물속자르기 열탕	느티나무 (규목)	운명	한국, 중국, 일본	不要
군자란	고귀, 우아	아프리카	물속자르기	능금나무	온화, 깊은사랑	중국 한국	不要
굴나무	친애, 순결	열대,아열대 온대	알콜	다래덩굴			
				다알리아 (Dahlia)	화려, 불안정	멕시코 과테말라	물속자르기
극락조화 (Bird of Paradise Flower)	신비 (영생불낙)	남아프리카	물속자르기	단풍나무 (Maple)	無言, 사양	한국, 일본	알콜
				달맞이꽃	소원,기다림	남미, 칠레	물속자르기
글라디오러스 (Gladiolus)	승리, 견고	남아프리카	물속자르기	담쟁이덩굴	아름다운 매력	중국, 한국	물을뿌려줌
				떡갈나무	공명정대, 강건	한국	물을뿌려줌
금귤 (낑깡)	어릴때우정	중국	알콜				

소재	꽃 말	원산지	처 리	소 재	꽃 말	원산지	처 리
대나무 (Bamboo)	지조, 인내	중국	알콜	리아트리스 (Liatris)	고집장이, 고결	미국, 멕시코	물속자르기
대왕송	○	아메리카 남부	不要	린 도	○	일본	물속자르기
데이지 (daisy)	평화, 순진	유럽	물속자르기	마가목	신중, 조심스러움	한국, 일본, 사할린	不要
덴드로비움 (Dendrobium)	어리광스런 미인	인도, 중국	不要	마디용수초	비범	일본	不要
				마란타 (Maranta)	○	남미브라질	알콜
도깨비부채	행복, 즐거움	한국	不要	마로니에	천재	유럽	不要
도꼬마리	고집, 애교	한국, 중국, 일본	不要	마아가렛 (Maguerite)	자유, 사랑을 점친다.	카나리아섬	물속자르기
도라지	기품, 따뜻한애정	한국	물속자르기	마타리	미인	중국, 일본	물속자르기
동백꽃	자랑,겸손한 아름다움	한국, 중국, 일본	不要	매 화	고결, 결백	중국, 일본, 한국	不要
둥굴레 (나무꼬랑)	고귀한봉사	한국, 중국, 일본	不要	맨드라미 (Cocks comb)	건강, 타오르는 사랑	열대아시아, 인도	염열탕
드라세나 (Dracaena: 와네끼)	○	중국, 북오스트랄리아	염산	머 루	기쁨, 박애	한국	알콜
				멍개(망개)	장난	한국, 일본, 필리핀	不要
들국화 (Aster)	장애물, 상쾌	한국	물속자르기	명자나무 (산당화)	평범, 조숙	한국	不要
들장미 (찔레)	주의깊다. 조촐한사랑	한국 오스트레일리아	열탕	명자란 (둥굴레)			
둥나무	환영, 우아	중국	알콜	모 과	괴짜, 조숙	중국	不要
디기탈리스 (Fox glove)	열애, 불성실	남부유럽	박하유	모란 (목단)	부귀, 왕자의품격	중국	줄기 끝을 태운다.
라그라스	○	열대, 아열대	不要	목 련 (Magnolia)	숭고한정신 우애	중국	알콜
라넌쿨러스 (Garden Ranunculus)	비난	지중해연안 유럽	물속자르기	목 향	인정가	중국, 일본 대만	不要
라일락 (Lilac)	친구의사랑, 첫사랑의갈등	코카사스지방 헝가리	알콜	목화 (Cotton Rose)	어머니의 사랑	인도	알콜
레 몬	열의, 성실한	인도	不要	몬스테라 (Monstera)	괴기	멕시코	물속자르기
렉스 베고니아 (Begonia Rex)	부조화, 짝사랑	인도앗쌈지방	염산	무궁화	섬세한 아름다움, 한마음 한뜻	소아시아 인도	알콜
				무화과	풍부함, 열심	동부지중해 연안	不要
루피너스 (Lupinus)	모성애, 행복	남유럽	물속자르기	물망초	나를 잊지마오	유럽	물속자르기

소재	꽃말	원산지	처리	소재	꽃말	원산지	처리
(forget me not)	말아다오 진실한사랑			분설화 = (설유화)	애교, 명쾌한승리	중국, 일본	박하유
미쓰마타 (Mitsumata)	장건	중국	不要	붓 꽃 (Iris)	기별, 존경	한국, 중국	물속자르기
				불로초 (Sedum)	믿고 따릅니다.	중국	不要
민들래	무분별,선고	한국, 온대	물속처리	비단향	한결같은 사랑	일본	不要
밀감(귤)	친애	인도지나	알콜				
밀집꽃 (종이꽃)	항상 기억하라 슬픔은 한없이	오스트레일리아	물속자르기	비라칸사 (Pyracantha)	알알이영근 사랑	중국	不要
박달나무	견고	한국	소금물	비 파	온화, 현명	중국	不要
밤나무 (Chestnut)	포근한사랑 정의	한국, 중국	알콜	빈롬나리	순결, 온화	한국, 중국, 일본	물속자르기
밤안개 (Baby's-Breath)	고운마음	유럽	不要	사과나무	유혹, 성공	온대지방	不要
				사보텐 (Saboten)	온정, 열정	멕시코	不要
방울꽃	만족	○	不要	사철나무	변화없다	한국, 일본,	不要
배꽃나무	사랑, 환상	중국, 일본, 유럽	不要	산당화 = (명자나무)			
백양나무	시간	중국	물속자르기	산세베리아 (Sanseviria)	관용	열대 아프리카	不要
백일홍	떠나간님,벗을 그리다	멕시코, 중국	물속자르기				
백 합	순결, 상쾌한느낌	○	물속자르기	산수유	호의에 기대한다	한국, 중국	不要
범부채 (Leepard flower)	○	한국, 중국, 일본	不要	살구나무	처녀의 부끄러움, 의혹	중국	不要
벗꽃나무 (Cherry-tree)	결백, 정신의 아름다움	한국, 일본	不要	사르비아 = 샐비어	타는생각, 정력	브라질	물속자르기
				삼지닥나무 = (삼지목)	(버드나무, 뽕나무, 닥나무의 3갈래 되는 나무가지를 껍질을 벗겨 말린 나무)		
베고니아 (Begonia)	부조화, 친절	인도 앗쌀지방	회염산				
보 리	번영, 보편	중국	不要	상사화	순결	세계각지	不要
보리수	해탈	중국	물속자르기	싸리나무	상념, 사색	한국	열탕
복숭아	매력, 유혹	중국	不要	샤스타데이지	만사는인내	아메리카, 유럽	물속자르기
부 들 (greet cat's tail)	용기	중국, 일본	不要	서향나무	불멸, 명예	중국	건조하지 않게 함
부바르디아 (Bouvardia)	정열	멕시코	알콜	석 남	위험, 존엄	○	물속자르기
				석 류	전성, 원숙한 아름다움	페르시아 이란	백반처리
부 용	섬세한 미	중국	알콜	석 죽	평정, 무욕	중국	물속자르기
부처꽃	비연, 슬픈사랑	한국, 일본	박하유	선인장	정열, 열정	멕시코	不要
분 꽃	소심, 수줍음.	남미	물속자르기	섬향나무	○	한국, 일본	不要

소재	꽃말	원산지	처리	소재	꽃말	원산지	처리
센토레아	고독, 미모	코카사스 지방	물속자르기	(Asparagus) 아이리스 (Iris)	기쁜소식	네델란드	물속자르기
소나무	장수, 굳셈	한국,	不要	아주까리 (피마자)		인도	물속자르기
소철 (Sago Palm)	剛情	열대아시아	不要	아지안텀 (Adiantum)	애교장이	열대 아메리카	잎에물을 뿌려줌
수국	소녀의 꿈	중국, 한국, 일본	열탕	아카시아	희귀한연애	오스트레일라	물속자르기
수련(Water Lily)	깨끗한 마음	이집트	열탕	아킬레아	투쟁한다	코카사스 지방	알콜
수양버들	슬픔, 평화	중국	不要	안슈륨 (Anthurium)	번뇌	콜롬비아	不要
쑥부쟁이 =(권영초)	인내	한국	물속자르기	알륨 (Alium)	멀어지는 마음	남유럽	不要
스기	○	난대지방	不要	양귀비 (Poppy)	위안, 잠	그리스	알콜
스윗트썰튼 (Sweet Sultan)	행복,우아한 아름다움	이란, 페르시아	물속자르기	엉겅퀴	독립, 근엄	한국,중국	열탕
스윗트피이 (Sweet Pea)	기쁨,사랑의 즐거움	이탈리아, 시실리섬	물속자르기	에니시다	청초	중국	물속자르기
				에델바이스	귀중한추억	유럽	不要
스타치스 (Statice)	영구불멸	지중해연안	不要	연꽃	순결, 신성	인도	열탕
				옆란	거역	히말라야	물속자르기
스토크	영원한 아름다움	지중해연안	물속자르기	오동나무	고상	한국특산	不要
				오랑캐꽃	나를 생각해다오	○	○
스프링게리	항상 변함이 없다	아프리카 나타르지방	不要	오리나무	위로	한국, 일본	不要
시네라리아	쾌활	카나리아제도	물속자르기	오이풀	변화, 애모	한국, 중국	박하유
				오엽송	강건	일본	不要
시클라멘	내성적겸손 의혹	시리아 코우커스지방	알콜	오크라 (Okra)	○	아프리카	박하유, 염산
시프러스 (왕골)	○	아프리카, 한국	열탕	옥잠화	정숙, 조용한사람	동부아시아	물속자르기
심비디움	○	버어마	不要	올리브	평화	소아시아	不要
아가판더스	사랑의전달	남아프리카	물속자르기	용담초	애수	한국,중국, 일본	알콜, 박하
아나나스	만족	브라질	不要				
아네모네	속절없는 사랑, 배신	유럽	물속자르기	와네끼= (드라세나)	약속을 실행한다.	열대 아프리카	물속자르기
아디안텀	애교있는 사람	열대아메카	물속자르기	원추리	지성 生男	한국	不要
아메리카석죽	혐오, 야심	유럽	물속자르기	왕솔나무= (대왕송)	○	아메리카 남부	不要
아마릴리스	침묵	멕시코	물속자르기				
아스틸베	낭비	일본	물속자르기	용수초	온순	일본	염열탕
아스파라거스	불변	남아프리카	不要	월계수	승리, 영광	카나리아섬	不要

소재	꽃 말	원산지	처 리	소 재	꽃 말	원산지	처 리
유도화=(협죽도)				죽(=대나무)	청절	동남아	식염수,알콜
유우카리나무	추억	빅토리아	물속자르기	쥐똥나무	○	한국,일본	不要
유채화(평지꽃)	봄소식	유럽	不要	진달래	절제,정념	한국	不要
유자나무	기쁜소식	한국,일본	不要	찔레=(들장미)			
으름덩굴	재능	한국,일본	줄기끝을 태운다	창 포	경의,신비한사람	북반구	물속자르기
은방울꽃=(영란,스랑)	순애,행복의기별	한국,일본	不要	채송화	가련,순진	브라질	염열탕
은사철	슬기로운 생각	일본	不要	천리향(도베라)	편애	중국,일본	不要
은행나무	정숙,장엄	중국	不要	천문동(아스파라거스)	불변	아프리카	不要
은단초	총명	일본	不要	천일홍	매혹,불변	인도	알콜
익시아	단결하여 일에 임하자	아프리카	不要	철 쭉	사랑의 즐거움	한국	不要
인도고무나무	남성적	아마존강유역	不要	초롱꽃(캄파늘라)	충실,정의	한국,일본	박하유
인도덩굴(honey)	헌신적 사랑	한국,중국					
자귀나무	환희	중국,한국	不要	츌 립	명성이 높다	터어키	不要
자운영	그대의 관대한 사랑	한국	알콜에 담근다	측백나무	건강,기도하리	중국	不要
자작나무	당신을 기다립니다	한국	不要	치자나무	순결,행복	한국,중국	알콜
작살나무	총명	한국,일본	不要	카네이숀(Carnation)	자비로움,부인의애정	남구라파	물속자르기
작 약	수줍음,수치	중국,한국	열탕	카라디움(Caladium)	기쁨,환희	아마존강유역	알콜
장 미	사랑,애정	중국,유럽	알콜,백반,염산	카틀레아(Cattlela)	우아한여성	브라질	물속자르기
전나무	숭고,정직	한국,만주	不要	칸 나(Canna)	행복한종말	열대지방	물속자르기
점쉬땅나무(십지매)	화사,신충	한국,일본	물속자르기	칼 라(Calla Lily)	열정,환희	남아프리카	물속자르기
접시꽃	풍요,야망	중국	물속자르기	캄파뉼라	양순한사람	유럽	소금,박하
제라늄	친구의정,결심	○	不要	코스모스	순정,애정	멕시코	물속자르기
제비꽃	성실,겸양	유럽	물속자르기	크로커스(Crocus)	불안한 청춘의기쁨	지중해연안	○
쟈스민(Jasmine)	행복,친절	인도	물속자르기	크로톤(Croton)	요염과 절색	쟈바	알콜
조팝나무	노련하다	한국,중국,일본	박하,알콜	클로버(Clover)	약속,행운	유럽	물속자르기
종 려(Fan Palm)	승리	중국,일본	不要	키르탄더스(Cyrtanthus Parviflorus)	고운여인	남아프리카	不要
주목나무	비애,죽음	한국,중국	不要				

소재	꽃말	원산지	처리	소재	꽃말	원산지	처리
태산목	위엄, 장중	북미남부	不要	(홍학꽃, 안슈륨= Anthurium)	번뇌	코스타리카, 콜럼비아	不要
탱 자	추상, 추억	중국	不要	플라타너스	휴식, 용서	소아시아	不要
터어키도라지 (Lysianthus Russeliana)		미국 네브라스카, 텍사스	물속자르기	피라칸다	알알이영근 사랑	중국	不要
톱날꽃	충심,	한국, 중국	알콜	피마자= (아주까리)		인도	물속자르기
튜베로우즈 (=만향옥)	위험한 쾌락	멕시코	不要	하늘나리	변치않는 귀여움	한국, 중국, 일본	不要
튤 립 (Tulipa)	사랑의고백	터어키	물속자르기 설탕물	한 란	귀부인	한국 (제주도)	不要
트리토마	이재	아프리카	不要	할미꽃	충성, 슬픈추억	한국특산	물속자르기
파 꽃	인내	시베리아	不要				
파셀리 (Parsley)	축하, 잔치	지중해연안	不要	함박꽃	수줍음	중국	열탕
파 초	기다림	중국		해당화	온화	한국, 중국, 일본	물속자르기
파피루스	○	이집트	열탕				
팔손이나무	비밀, 기만	열대	회염산	해바라기 (Sun flower)	숭배, 동경	멕시코, 페루	물속자르기
팜파스 그라스	자랑스럽다	아르헨티나	不要				
패랭이꽃 (=석죽)	순애, 조심	중국	물속자르기	향나무	영원한 향기	한국	不要
팬 지	사색, 사고	유럽	不要	헬리크리즘 = (종이꽃)	슬픔은없다	오스트레일리아	물속자르기
편도나무	무분별	서아시아	不要	협죽도 = (유도화)	주의	인도	不要
편 백	변하지않는 사랑	일본, 한국	不要	호 도	지성(知性)	한국	不要
포인쎄티아 (Poinsettia)	행복, 축복	멕시코	알콜	호랑고비	○	한국, 중국	不要
포플러 (Poplar)	용기, 비단	○	不要	호랑가시	가정의행복	중국	不要
포 피 (=양귀비꽃, 아편꽃)	위안	지중해연안	알콜	호박 (장식용)	해독	인도	不要
표주박	넓은생각	아프리카	不要	호피나리 (Tiger Lily)	순결, 투박	한국, 중국	不要
풍선초 (=풍경덩굴)	어린시절의 재미	열대	不要	홋잎(= 화살나무)	○	일본, 중국	不要
풍 란	참다운매력	아프리카		화초고추	맵자하다	열대	不要
프럭스 (Phlox)	동의 온화	북아메리카	열탕	화초토마토	완성된 미	아프리카	不要
프리뮬러 (=앵초)	희망, 번영			회양목	인내	한국	不要
				후박나무	○	한국, 일본, 중국	不要
프리지아 (Freesia)	깨끗한향기	남아프리카 희망봉	물속자르기	훡스훼이스 (Fox Face)	열애, 불성실	남부유럽	不要
플라밍고 홀라워	번뇌	콜롬비아	不要	훼닉스	○	인도지나	열탕

소 재	꽃 말	원산지	처 리	소 재	꽃 말	원산지	처 리
흑 단 흑송(Black Pine)	어두움 불노장수	말레이,타이 일본	不要 不要	히아신스 (Common Hyacinth)	겸양하는 사람, 유희	소아시아	不要

```
판 권
본 사
소 유
```

꽃 꽂 이

2012년 5월 25일 인쇄
2012년 5월 30일 발행

지은이/ 편 집 부 편
펴낸이/ 최 상 일
펴낸곳/ 태 을 출 판 사

서울특별시 중구 신당6동 52-107(동아빌딩내)
등록/1973년 1월 10일(제4-10호)

＊잘못된 책은 구입하신 곳에서 교환해 드립니다.

■주문 및 연락처

우편번호 １００-４５６
서울특별시 중구 신당6동 52-107 (동아빌딩 내)
전화 / 2237-5577 팩스 / 2233-6166
ISBN 89-493-0398-1   03480

"태을출판가 엄선한 현대 가정의학 시리즈"

❋ 현대 가정의학 시리즈 ①
눈의 피로, 시력감퇴 치료법

❋ 현대 가정의학 시리즈 ②
명쾌한 두통 치료법

❋ 현대 가정의학 시리즈 ③
위약, 설사병 치료법

❋ 현대 가정의학 시리즈 ④
스트레스, 정신피로 치료법

❋ 현대가정의학 시리즈 ⑤
정확한 탈모 방지법

❋ 현대 가정의학 시리즈 ⑥
피로, 정력감퇴 치료법

❋ 현대 가정의학 시리즈 ⑦
완전한 요통 치료법

❋ 현대 가정의학 시리즈 ⑧
철저한 변비 치료법

❋ 현대 가정의학 시리즈 ⑨
완벽한 냉증 치료법

❋ 현대 가정의학 시리즈 ⑩
갱년기장해 치료법

❋ 현대 가정의학 시리즈 ⑪
감기 예방과 치료법

❋ 현대 가정의학 시리즈 ⑫
불면증 치료법

❋ 현대 가정의학 시리즈 ⑬
비만증 치료와 군살빼는 요령

❋ 현대 가정의학 시리즈 ⑭
완벽한 치질 치료법

❋ 현대 가정의학 시리즈 ⑮
허리·무릎·발의통증 치료법

❋ 현대 가정의학 시리즈 ⑯
코 알레르기 치료법

❋ 현대 가정의학 시리즈 ⑰
어깨결림 치료법

❋ 현대 가정의학 시리즈 ⑱
기미·잔주름 방지법

❋ 현대 가정의학 시리즈 ⑲
자율신경 실조증 치료법

❋ 현대 가정의학 시리즈 ⑳
간장병 예방과 치료영양식